# Grundlagen und Techniken des Compilerbaus

Niklaus Wirth

# Grundlagen
# und Techniken
# des Compilerbaus

 **ADDISON-WESLEY PUBLISHING COMPANY**

Bonn · Paris · Reading, Massachusetts · Menlo Park, California · New York
Don Mills, Ontario · Wokingham, England · Amsterdam · Milan · Sydney
Tokyo · Singapore · Madrid · San Juan · Seoul · Mexico City · Taipei, Taiwan

Die Deutsche Bibliothek – CIP-Einheitsaufnahme

**Wirth, Niklaus:**
Grundlagen und Techniken des Compilerbaus /Niklaus Wirth. –
Bonn; Paris [u.a.]: Addison-Wesley, 1996
   ISBN 3-89319-931-4

© 1996 Addison-Wesley (Deutschland) GmbH

Lektorat: Susanne Spitzer und Tomas Wehren
Satz: Josef Templ, Linz, gesetzt aus der Syntax 9/10 mit Oberon V4 der ETH Zürich
Belichtung, Druck und Bindung: Bercker Graphischer Betrieb, Kevelaer
Produktion: Claudia Lucht, Bonn
Umschlaggestaltung: Michael Oreal, Köln
Titelbild: Wassily Kandinsky, Moderation, 1940. © VG Bild-Kunst, Bonn 1995

Das verwendete Papier ist aus chlorfrei gebleichten Rohstoffen hergestellt und alterungsbeständig. Die Produktion erfolgt mit Hilfe umweltschonender Technologien und unter strengsten Auflagen in einem geschlossenen Wasserkreislauf unter Wiederverwendung unbedruckter, zurückgeführter Papiere.

# Inhalt

# Vorwort

Dieses Buch entstand aus einer Wahlfach-Vorlesung für Informatik-Studenten an der ETH Zürich. Mehrmals bin ich gefragt worden, wozu denn eine Vorlesung über Compilerbau gehalten werde. Schließlich würden Compiler nur noch in einigen wenigen Firmen im fernen Ausland gebaut. Da heutzutage alles, was nicht unmittelbar Profit abwirft, einer Rechtfertigung bedarf, will ich versuchen darzulegen, weshalb mir dieses Fach trotzdem wichtig erscheint.

In einer akademischen Ausbildung ist es von zentraler Bedeutung, daß nicht nur Wissen, und beim Ingenieur Können, vermittelt wird, sondern auch Verständnis und Einsicht. Insbesondere in der Informatik genügt Wissen über Oberflächen nicht; Verständnis der Inhalte ist notwendig. So muß jeder akademisch gebildete Informatiker wissen, wie ein Computer funktioniert. Er muß verstehen, wie seine Programme im Rechner dargestellt sind und interpretiert werden. Der Compiler besorgt die Umwandlung von Programmtexten in internen Code. Er verkörpert damit die Brücke zwischen Software und Hardware.

Nun mag man einwenden, daß zum Verständnis der Zusammenhänge zwischen Quellprogramm und Maschinencode Wissen über den Übersetzungsvorgang nicht notwendig sei, und das Können, einen Compiler zu bauen, schon gar nicht. Ich habe aber die Erfahrung gemacht, daß echtes Verständnis insbesondere dann erworben wird, wenn sich jemand vertieft mit einem Thema beschäftigt. Im vorliegenden Fall ist diese Beschäftigung der Bau eines Compilers.

Natürlich ist es dabei unerläßlich, daß wir uns auf das Wesentliche beschränken. Schließlich handelt es sich bei diesem Buch um eine Einführung und nicht um ein Nachschlagewerk für Spezialisten. Unsere erste Einschränkung betrifft die Quellsprache. Wir wählen eine Untermenge der Sprache *Oberon*. Die zweite Einschränkung besteht in der Wahl eines Zielrechners mit sehr regulärer Struktur und einfachem Befehlssatz. Wichtig aber bleibt uns der Praxisbezug: Oberon ist eine allgemeine, flexible und mächtige Programmiersprache, und der postulierte Zielrechner verkörpert in idealer Weise die erfolgreiche RISC-Architektur. Die dritte Einschränkung schließlich besteht im Verzicht auf die Erläuterung raffinierter Code-Optimierungstechniken. So wird es möglich, in beschränkter Zeit einen erweiterbaren Compiler fertigzustellen und ihn in seiner Ganzheit darzulegen.

Kapitel 2 und 3 vermitteln die Grundlagen über Sprache und Syntax, woraufhin Kapitel 4 sich mit der Syntaxanalyse, der Satzzerlegung, befaßt. Wir konzentrieren uns dabei auf die einfache, aber mächtige Methode des rekursiven Abstiegs, die im Mustercompiler Anwendung findet. Wir betrachten Syntaxanalyse als Mittel zum Zweck, aber nicht als Endziel. In Kapitel 5 wird der Übergang vom Parser zum Compiler vorbereitet. Mittel dazu ist die Attribuierung von Grammatiken.

Nach der Vorstellung der Sprache Oberon-0 behandelt Kapitel 7 die Entwicklung eines Parsers für diese Sprache nach der Methode des rekursiven Abstiegs. Aus praktischen Gründen wird auch auf die Behandlung von syntaktischen Fehlern eingegangen. In Kapitel 8 wird erklärt, wie Sprachen, die Deklarationen enthalten und daher inhärent kontextabhängige Konstrukte enthalten, dennoch als kontextfreie Sprachen behandelt werden können.

Bis an diesen Punkt ist der Einbezug einer Zielarchitektur und ihres Befehlssatzes nicht nötig. Da die folgenden Kapitel jedoch der Erzeugung von Code gewidmet sind, wird die Festlegung eines Zielrechners unumgänglich. Dies geschieht in Kapitel 9. Das zentrale Thema des Compilerbaus, die Erzeugung von Befehlsfolgen, ist danach auf drei Kapitel aufgeteilt: Code für Ausdrücke und Zuweisungen (10), für bedingte und repetierte Anweisungen (11) und für Prozeduren (12). Damit sind die Konstrukte der Sprache Oberon-0 und deren Implementierung im Mustercompiler abgehandelt.

Die folgenden drei Kapitel betreffen weitere wichtige Konstrukte von allgemeinen Programmiersprachen. Ihre Behandlung ist eher summarischer Art, und in der Aufgabensammlung am Schluß des Buchs wird auf sie Bezug genommen. Es sind dies weitere elementare Datentypen (13) und die Konstrukte der offenen Arrays, dynamischer Datentypen und von Prozedurtypen (14). Kapitel 15 schließlich befaßt sich mit dem Modulkonzept und dem damit verbundenen Prinzip des »Information Hiding«. Damit ist die Methodik der Software-Entwicklung im Team angesprochen mit der Unterstützung durch Schnittstellenspezifikationen und nachfolgender, unabhängiger Implementierung der Module. Die technische Grundlage dafür ist das separat kompilierbare Modul mit kompletter Überprüfung der Typenkompatibilität der Schnittstellen. Diese Technik ist für die Software-Entwicklung ganz allgemein und damit für alle modernen Programmiersprachen von größter Bedeutung.

Das letzte Kapitel ist der Technik der Optimierungen, der raffinierteren Codeerzeugung, gewidmet. Das Erkennen von Verbesserungsmöglichkeiten wird wesentlich erleichtert durch eine Zweiteilung des Übersetzungsprozesses. Im ersten Teil wird das

Programm in eine Datenstruktur umgesetzt, erst im zweiten Teil erfolgt daraus die Erzeugung von (optimalem) Code.

Der Experte mag an dieser Stelle das Fehlen einer breiteren Behandlung verschiedener Methoden der Syntaxanalyse bemängeln und ebenso, daß nicht auf den Compilerbau mittels Parser- und Compilergeneratoren eingegangen wird. Wir lassen diese Themen bewußt beiseite, weil es uns nicht um die Anwendung kommerzieller Werkzeuge geht, sondern um die verständliche Darlegung der Prinzipien und Probleme des Kompilierens. Wir wollen auch dem Nicht-Compilerbauer einen Einblick gewähren in die Funktionsweise desjenigen Artefakts, das gewissermaßen die Brücke schlägt zwischen Software und Programmiersprache einerseits und Hardware und Rechnerarchitektur anderseits. Wir legen uns damit quer zum allgemeinen Trend, möglichst um jeden Preis »black boxes« einzukaufen und sich auf das Lesen ihrer Bedienungsanleitungen zu beschränken.

Meinen Kollegen H. Mössenböck und M. Franz danke ich herzlich für die zahlreichen Anregungen und die sorgfältige Durchsicht des Manuskripts. Auch die Programme haben sie einer strengen Prüfung unterzogen. Verbleibende Unzulänglichkeiten gehen jedoch einzig und allein auf mein Konto.

Dieses Buch wurde vollständig mit Hilfe des Oberon-Systems erstellt. Herrn J. Templ danke ich für die Übernahme der Satzarbeiten und die Durchführung der erforderlichen Systemerweiterungen.

Zürich, im August 1995                                                                         N. Wirth

# 1 Einleitung

Computerprogramme werden in einer Programmiersprache formuliert. Sie spezifizieren den Ablauf von Rechenprozessen. Rechner jedoch interpretieren lediglich Folgen von Instruktionen, nicht aber Programmtexte. Vor seiner Interpretation durch einen Rechner muß daher der Text sinngemäß in eine Befehlsfolge übersetzt werden. Dieser Vorgang läßt sich bekanntlich automatisieren, also selber als Programm formulieren. Das Übersetzungsprogramm wird *Compiler,* der zu übersetzende Text *Quelltext* genannt.

Es liegt auf der Hand, daß der Übersetzungsprozeß eines Quelltextes in eine Befehlsfolge aufwendig ist und nach komplexen Regeln abläuft. Der Bau des ersten Compilers für die Sprache *Fortran* (Formula translator) um 1956 war daher ein wagemutiges Unterfangen, dessen Gelingen durchaus nicht von Anfang an feststand. Es beanspruchte etwa 18 Mannjahre Arbeit, und galt daher für die damaligen Verhältnisse als sehr umfangreiches Programmierprojekt.

Die Komplexität des Übersetzungsprozesses ließ sich nur dadurch reduzieren, daß einer Sprache eine systematische Struktur zugrunde gelegt wurde. Dies geschah erstmals 1960 mit der Sprache *Algol 60,* die der Technik des Compilerbaus zu Grundlagen verhalf, die auch heute noch gelten. Zur exakten Definition der Sprache und ihrer Satzstruktur wurde erstmals selber eine formale Notation verwendet [Naur60].

Der Übersetzungsprozeß orientiert sich gleichsam an der Struktur des Quelltextes. Dieser wird gemäß der *Syntax* der Sprache in seine Teile zerlegt. An den Teilen ist auch deren Bedeutung (*Semantik*) erkennbar, und die Bedeutung des Gesamten ergibt sich aus der Zusammensetzung der Bedeutung der Teile. Die Bedeutung muß natürlich bei der Übersetzung erhalten bleiben.

Der Übersetzungsprozeß besteht im wesentlichen aus folgenden Teilen:

1. Die Folge von Schriftzeichen (characters) eines Quelltextes wird in die entsprechende Folge von Symbolen aus dem Vokabular der Sprache übersetzt. So werden z. B. Bezeichner und Zahlen, Satzzeichen und Operatoren erkannt. Man nennt diesen Vorgang auch *lexikalische Analyse.*

2. Die Folge von Terminalsymbolen wird in eine Darstellung übersetzt, die die Struktur des Quelltextes direkt widerspiegelt bzw. leicht erkennen läßt. Dieser Teil heißt *Syntaxanalyse* (parsing).

3. Höhere Programmiersprachen zeichnen sich dadurch aus, daß Objekte in Programmen (Variablen, Funktionen) typisiert sind. Damit gehören neben der Syntax auch Kompatibilitätsregeln zwischen Operandentypen und Operatoren zur Sprachdefinition. Die Einhaltung dieser Regeln muß durch den Compiler überprüft werden (*type checking*).

4. Ausgehend von der Darstellung, die aus Teil 2 resultiert, wird eine entsprechende Folge von Instruktionen erzeugt, die dem Befehlssatz des Zielcomputers entnommen werden. Dieser Teil heißt *Codegenerierung*. Er ist im allgemeinen der aufwendigste Teil, nicht zuletzt weil Befehlssätze der wünschbaren Systematik entbehren, und er wird daher häufig weiter unterteilt.

Eine möglichst vielgliedrige Unterteilung war bis ca. 1980 unumgänglich, weil der verfügbare Speicher für einen ganzen Compiler zu klein gewesen wäre. Die einzelnen, genügend kleinen Compilerteile hingegen konnten nacheinander geladen werden. Man nannte sie *Phasen* (passes), und ihre Gesamtheit stellte einen *Mehrphasen-Compiler* dar. Die Anzahl der Phasen lag meistens bei 4–6, erreichte jedoch in einem Einzelfall (PL/I) sogar 70. Dabei diente die Ausgabe der Phase $k$ als Eingabe der Phase $k + 1$, zu welchem Zweck sie auf Platte zwischengespeichert werden mußte (Abb. 1.1). Der damit bedingte häufige Zugriff auf Plattenspeicher brachte lange Übersetzungszeiten mit sich.

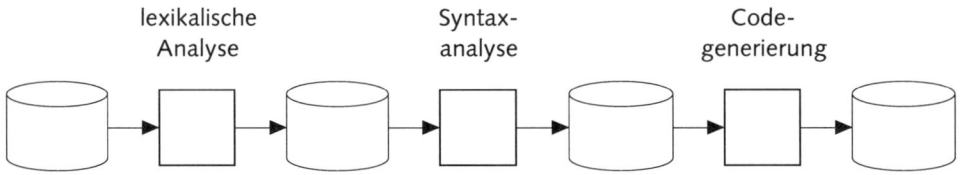

lexikalische      Syntax-      Code-
Analyse      analyse      generierung

*Abb. 1.1: Mehrphasen-Kompilierung*

Moderne Rechner mit ihren scheinbar unbegrenzten Speichern lassen eine Zwischenspeicherung auf Platte vermeiden. Gleichzeitig erübrigt sich die oft aufwendige Serialisierung der auszugebenden Datenstruktur und deren Rekonstruktion bei der Eingabe. Mit dem *Einphasen-Compiler* sind daher Geschwindigkeitssteigerungen um einen Faktor von mehreren Tausend erreichbar. Anstatt daß die einzelnen Aufgaben als Phasen strikte nacheinander aublaufen, sind sie jetzt gleichsam verzahnt. So beginnt die Codegenerierung nicht erst nach Abschluß aller anderen Aufgaben, sondern bereits nach dem Erkennen des ersten Satzteils.

Einen weisen Kompromiß stellt der Compiler mit zwei Phasen dar, die *Frontend* und *Backend* genannt werden. Erstere übernimmt die Satzerkennung und die Typenprüfung und erstellt einen Strukturbaum, der im Hauptspeicher aufgebaut wird und die Schnittstelle zur zweiten Phase darstellt, die die Codegenerierung besorgt. Der Vorteil dieser Lösung liegt in der Unabhängigkeit der ersten Phase von der Zielmaschine resp. deren Befehlssatz. Dieser Vorteil ist unschätzbar, wenn Compiler für dieselbe Sprache für verschiedene Computertypen erstellt werden sollen, denn es kann stets dasselbe Frontend verwendet werden. Die Idee der Entkopplung von Quellsprache und Zielmaschine hat auch dazu geführt, daß in einzelnen Projekten mehrere Frontends geschaffen wurden, um verschiedene Sprachen zu kompilieren. Während vordem zur Implementierung von $m$ Sprachen für $n$ Rechnertypen $m * n$ Compiler nötig waren, reichen nunmehr $m$ Frontends und $n$ Backends (Abb. 1.2).

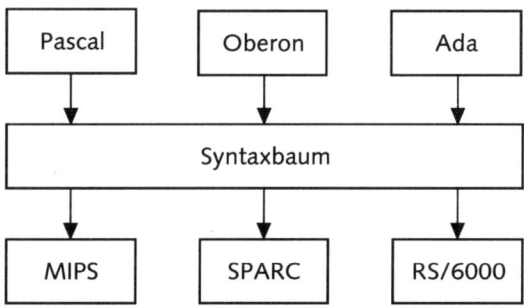

*Abb. 1.2: Frontends und Backends*

Diese moderne Lösung des Problems der *Compiler-Portierung* erinnert an die Technik, die 1975 bei der Verbreitung von Pascal eine wichtige Rolle spielte [Wir71]. Dort trat an die Stelle des abstrakten Strukturbaums dessen linearisierte Darstellung in Form einer Befehlsfolge für eine hypothetische Maschine (P-Code). Das Backend bestand sodann aus einem P-Code interpretierenden Programm, das ohne großen Aufwand zu erstellen war. Der Nachteil dieser Methode war der durch den Interpreter verursachte inhärente Effizienzverlust.

Häufig treffen wir auch Compiler an, deren Ausgabe nicht direkt ladbarer Maschinencode, sondern Assembler-Text ist. Zur kompletten Übersetzung ist dann nach dem Compiler noch der Assembler im Spiel, was unweigerlich zu längeren Übersetzungszeiten führt. Da keine Vorteile ersichtlich sind, ist von dieser Compilerstruktur abzuraten.

Höhere Programmiersprachen werden zunehmend auch zur Programmierung von Kleinstrechnern eingesetzt, die zur Datenaufnahme oder zur Steuerung in großen Systemen eingebaut sind (embedded applications). In diesen Fällen reicht der Speicher nicht aus, um einen Compiler aufzunehmen. Statt dessen wird die Software auf anderen Rechnern, die compilerfähig sind, erstellt. Ein Compiler, der Code für einen fremden Rechner anstatt für den eigenen erzeugt, heißt *Fremdcompiler* (*cross compiler*). Der erzeugte Code wird nicht in den eigenen Speicher geladen, sondern über eine Datenleitung in den fremden Computer übertragen (*down loading*).

In den folgenden Kapiteln konzentrieren wir uns auf die Vermittlung der Grundlagen und danach auf die Entwicklung eines Einphasen-Compilers.

# 2  Sprache und Syntax

Jede Sprache besitzt eine Struktur. Sie wird durch ihre Grammatik oder *Syntax* bestimmt. So besteht ein korrekter Satz stets aus einem Subjekt gefolgt von einem Prädikat. Dieser Sachverhalt kann durch folgende Formel festgehalten werden:

Satz  =  Subjekt Prädikat.

Fügen wir dieser Formel die weiteren Gleichungen

Subjekt  =  "Hans" | "Anna".
Prädikat  =  "geht" | "schweigt".

hinzu, so definieren wir damit vier Möglichkeiten für einen Satz, nämlich

Hans geht              Anna geht
Hans schweigt          Anna schweigt

wobei offenbar das Zeichen »|« als »oder« zu verstehen ist. Wir nennen die Formeln *Syntaxregeln, Produktionen* oder einfach syntaktische Gleichungen. Subjekt und Prädikat sind *syntaktische Klassen*. Kürzer ist die Formulierung desselben Sachverhalts ohne bedeutungsvolle Bezeichner:

S  =  A B.                    L = {ac, ad, bc, bd}
A  =  "a" | "b".
B  =  "c" | "d".

die wir in den nachfolgenden, kurzen Beispielen verwenden. Die Menge L der Sätze, die sich auf diese Weise aus S erzeugen lassen, d. h. durch wiederholte Substitutionen der linken Seite einer Regel durch deren rechte Seite, heißt *Sprache*.

Die obige Syntax definiert offenbar eine Sprache, die aus nur vier Sätzen besteht. Üblicherweise enthält jedoch eine Sprache unendlich viele Sätze. Das folgende Beispiel zeigt, daß mit einer endlichen Anzahl von Syntaxregeln sehr wohl eine unendliche Menge von Sätzen definiert werden kann. Das Symbol $\phi$ bezeichne die leere Zeichenfolge.

S  =  A.                      L = {$\phi$, a, aa, aaa, aaaa, ... }
A  =  "a" A | $\phi$.

Das Mittel dazu ist offenbar die *Rekursion,* welche eine Substitution (von A durch "a" A) beliebig oft wiederholen läßt.

Das dritte Beispiel beruht wiederum auf Anwendung von Rekursion; es erzeugt aber nicht nur Sätze, die aus einer beliebigen Anzahl des gleichen Zeichens bestehen, sondern Schachtelsätze:

  S = A.      L = {b, abc, aabcc, aaabccc, ... }
  A = "a" A "c" | "b".

Hier wird deutlich, daß sich beliebig tiefe Schachtelungen (von As) ausdrücken lassen. Diese Eigenschaft ist für strukturierte Sprachen besonders wichtig.

Das vierte und letzte Beispiel stellt die Struktur von Ausdrücken dar. Die Symbole A, T, F und V stehen für Ausdruck, Term, Faktor und Variable.

  A = T | A "+" T.
  T = F | T "*" F.
  F = V | "(" A ")".
  V = "a" | "b" | "c" | "d".

Hier ist gut ersichtlich, daß die Syntax nicht nur die Menge der Sätze bestimmt, sondern diesen auch *Struktur* verleiht. Sie zerlegt Sätze in ihre Teile, wie dies in Abb. 2.1 veranschaulicht ist. Die grafischen Darstellungen heißen *Strukturbäume.*

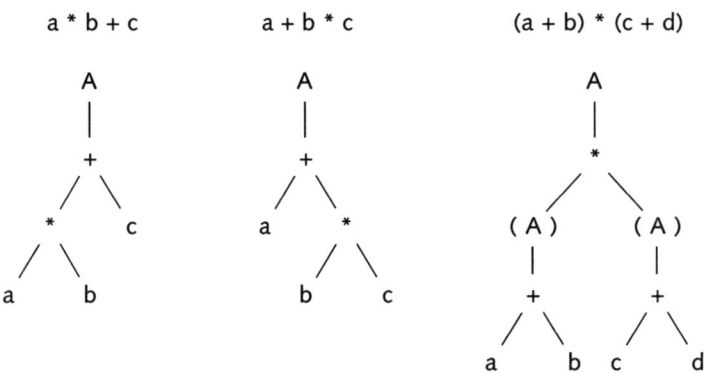

*Abb. 2.1: Struktur von Ausdrücken*

Im folgenden sollen nun die verwendeten Begriffe präzisiert werden.

Eine Sprache ist formal definiert durch

1. die Menge von *Terminalsymbolen.* Dies sind die Symbole, aus denen Sätze bestehen. Sie heißen terminal, weil sie nicht weiter substituiert werden können. Der

Substitutionsprozeß hört mit ihnen auf. Im ersten Beispiel besteht diese Menge aus den Elementen *a, b, c* und *d*. Die Menge heißt auch *Vokabular*.

2. die Menge der *nicht-terminalen Symbole*. Diese bezeichnen syntaktische Klassen und können substituiert werden. Im ersten Beispiel besteht diese Menge aus den Elementen *S, A* und *B*.

3. die Menge der *syntaktischen Regeln*. Diese definieren die möglichen Substitutionen von nicht-terminalen Symbolen. Zu jedem nicht-terminalen Symbol gehört eine syntaktische Regel.

4. ein *Startsymbol*. Dieses gehört der Menge der nicht-terminalen Symbole an. In den obigen Beispielen ist *S* das Startsymbol.

Eine *Sprache* ist die Menge von Folgen von Terminalsymbolen, die, vom Startsymbol ausgehend, durch wiederholte Anwendung von syntaktischen Regeln, d. h. von Substitutionen, hergeleitet werden können.

Ferner wollen wir die Notation, mit welcher Syntaxregeln beschrieben werden, ebenfalls präzise definieren. Nicht-terminale Symbole seien Bezeichner (identifiers), wie sie in Programmiernotationen üblich sind, d. h. Folgen von Buchstaben und Ziffern, wie z. B. *expression, term*. Terminalsymbole seien Zeichenfolgen (strings), die in Anführungszeichen eingeklammert sind, wie z. B. »=« oder »|«. Zur Beschreibung der Struktur von Formeln ist es naheliegend, diese Notation selber anzuwenden:

```
syntax       = production syntax | φ.
production   = identifier "=" expression "." .
expression   = term | expression "|" term.
term         = factor | term factor.
factor       = identifier | string.

identifier   = letter | identifier letter | identifier digit.
string       = stringhead """.
stringhead   = """ | stringhead character.
letter       = "A" | ... | "Z".
digit        = "0" | ... | "9".
```

Nichtterminalsymbole:   syntax, production, expression, term, factor

Diese Notation wurde 1960 von J. Backus und P. Naur in fast derselben Form zur Beschreibung der Syntax der Sprache Algol 60 erstmals eingeführt und heißt daher *Backus Naur Form* (BNF) [Naur60]. Wie unser Beispiel zeigt, ist der Zwang zur Verwendung von rekursiven Definitionen der Verständlichkeit eher hinderlich. Wir erweitern daher die Notation um zwei Konstrukte zur Anzeige von Repetition und Optionalität. Ferner wird die Möglichkeit der Klammerung von Ausdrücken geboten.

Damit ist eine Erweiterung von BNF, genannt EBNF [Wir77], definiert, die wir ebenfalls in ihrer eigenen Definition sogleich zur Anwendung bringen:

```
syntax      = {production}.
production  = identifier "=" expression "." .
expression  = term {"|" term}.
term        = factor {factor}.
factor      = identifier | string | "(" expression ")" | "[" expression "]"
            | "{" expression "}".

identifier  = letter {letter | digit}.
string      = " " " {character} " " ".
letter      = "A" | ... | "Z".
digit       = "0" | ... | "9".
```

Ein Faktor der Form {x} ist gleichbedeutend mit einer beliebig langen Folge von x, inklusive der leeren Folge. Eine Regel der Form

$$A = A B | \phi.$$

wird jetzt einfacher durch  A = {B}  ausgedrückt. Ein Faktor der Form [x] ist gleichbedeutend mit einmal x oder keinmal x, drückt also Optionalität von x aus. Damit entfällt der Bedarf eines Symbols für die leere Folge ($\phi$).

Die Idee, Sprachen und ihre Grammatiken mathematisch exakt zu definieren, geht auf N. Chomsky zurück. Es zeigte sich allerdings bald, daß das vorgestellte, einfache Konzept nicht hinlänglich ist, um der Komplexität von Sprachen gerecht zu werden, selbst nachdem die Formalismen noch wesentlich ausgebaut wurden. Hingegen erwiesen sich diese Arbeiten als äußerst fruchtbar für die Theorie der Programmiersprachen. Mit dem vorgestellten Konzept wurde erstmals mit Algol 60 eine formale Sprache exakt definiert. Allerdings betraf dies erst die Syntax, nicht aber die Bedeutung (Semantik) von Sätzen (Programmen).

Auf die Anwendung des Chomsky-Formalismus ist letztlich auch die Bezeichnung *Programmiersprache* zurückzuführen, da diese eine ähnliche Struktur aufzuweisen schienen wie Sprachen. Wir meinen, die Bezeichnung sei aber eher unglücklich, denn eine Programmiersprache wird schließlich nicht gesprochen. Formalismus oder formale Notation wären zutreffendere Bezeichnungen.

Man mag sich fragen, weshalb denn eine exakte Definition der Menge der Sätze, die zu einer Sprache gehören, so wichtig sei. Tatsächlich ist diese Menge an sich wenig relevant; wichtig ist jedoch zu wissen, ob ein Satz richtig zusammengesetzt ist. Aber auch hier mag man sich nach einer Begründung fragen. Letzlich interessiert die *Struktur* eines Satzes, welche durch die Syntax angegeben wird, weil an ihr seine

*Bedeutung* ersichtlich wird. Die einzelnen Teile des Satzes, und damit auch deren Bedeutung, können jetzt einzeln und unabhängig voneinander erkannt werden und ergeben zusammen die Bedeutung des Ganzen.

Dieser Sachverhalt soll an einem einfachen Beispiel gezeigt werden. Betrachten wir die folgende Syntax von Ausdrücken mit dem Additionsoperator. A steht für »Ausdruck«, Z für »Zahl«:

A = Z I A "+" A.
Z = "1" I "2" I "3" I "4" .

Offenbar ist »4 + 2 + 1« ein syntaktisch korrekter Ausdruck. Er kann sogar auf verschiedene Arten hergeleitet werden, und jeder Herleitung entspricht eine unterschiedliche Struktur, wie dies Abb. 2.2 zeigt.

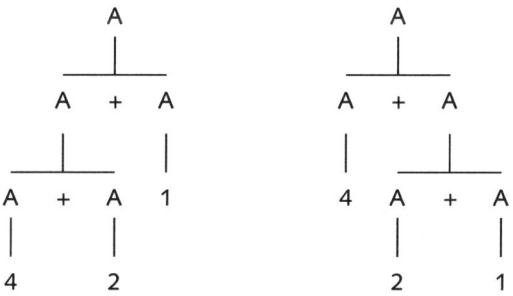

*Abb. 2.2: Unterschiedliche Strukturbäume für denselben Ausdruck*

Die beiden Strukturen können auch durch entsprechende Klammerung dargestellt werden, nämlich als (4 + 2) + 1 und 4 + (2 + 1). Glücklicherweise ergeben beide dank der Assoziativität der Addition dieselbe Summe 7. Dies braucht aber nicht immer der Fall zu sein. Bereits das Ersetzen von Addition durch Subtraktion beweist, daß verschiedenen Strukturen verschiedene Interpretationen zugrunde liegen können: (4 - 2) - 1 = 1, 4 - (2 - 1) = 3. Das Beispiel zeigt also zwei Sachverhalte:

1. Die Interpretation von Sätzen erfolgt stets aufgrund ihrer durch die Syntax definierten Struktur.

2. Jedem Satz muß zwecks Eindeutigkeit genau *eine* Struktur zugewiesen werden.

Ist die zweite Forderung nicht erfüllt, so entstehen mehrdeutige Sätze. Dies mag zwar Sprachen bereichern; mehrdeutige Programmiersprachen hingegen sind *unbrauchbar*. Wir nennen eine syntaktische Klasse, die einem Satz mehrere Strukturen zuordnen läßt, *mehrdeutig*. Eine Sprache ist mehrdeutig, wenn sie mindestens ein mehrdeutiges Konstrukt enthält.

# 3 Reguläre Sprachen

Die in Kapitel 2 definierte Form von syntaktischen Regeln erzeugt *kontextfreie* Sprachen. Diese Bezeichnung stammt von Chomsky und ist darauf zurückzuführen, daß Substitutionen des Symbols links von »=« durch den rechten Teil der Regel immer möglich sind, ungeachtet der Einbettung des Symbols, d. h. des Kontexts, in dem das Konstrukt vorkommt. Es hat sich erwiesen, daß diese Einschränkung auf Kontextfreiheit (im Sinne von Chomsky) für Progammiersprachen annehmbar, ja sogar erwünscht ist. Kontextabhängigkeit in einem anderen Sinn ist jedoch unumgänglich. Darauf wird in Kap. 8 eingegangen.

Statt einer Verallgemeinerung wollen wir eine Unterklasse der kontextfreien Sprachen betrachten, die im Gebiet der Progammiersprachen eine Rolle spielen. Es sind dies die *regulären* Sprachen. Im wesentlichen sind dies die kontextfreien Sprachen, deren Syntax keine Rekursion aufweist, außer derjenigen zur Formulierung von Repetition. Da in EBNF Repetition direkt, ohne Abstützung auf Rekursion ausgedrückt werden kann, ergibt sich folgende einfache Definition des Begriffs der regulären Sprache:

> Eine Sprache ist *regulär*, wenn sich ihre Syntax durch eine einzige EBNF-Regel ohne Rekursion ausdrücken läßt.

Die Bedingung, daß nur eine einzige Regel vorkommt, bedeutet gleichzeitig, daß auf der rechten Seite nur Terminalsymbole vorkommen. Ein solcher Ausdruck heißt *regulärer Ausdruck*.

Zwei Beispiele von regulären Sprachen mögen genügen. Das erste definiert Bezeichner (identifiers), wie sie in Programmiersprachen allgemein üblich sind; das zweite definiert ganze Zahlen in dezimaler Darstellung. In deren Definitionen verwenden wir die nicht-terminalen Symbole *letter* und *digit*, und zwar zur Abkürzung. Sie können durch Substitution eliminiert werden, wodurch sich je ein regulärer Ausdruck für *identifier* und *integer* ergibt.

```
identifier = letter {letter | digit}.
integer    = digit {digit}.
```

```
letter  = "A" | "B" | ... | "Z".
digit   = "0" | "1" | "2" | "3" | "4" | "5" | "6" | "7" | "8" | "9".
```

Das Interesse an regulären Sprachen rührt daher, daß Programme (Automaten) zur Erkennung ihrer Sätze besonders einfach und effizient sind. Unter Erkennen verstehen wir die Ermittlung der Struktur eines Satzes, und damit natürlich auch die Feststellung, ob die gelesene Symbolfolge auch tatsächlich ein Satz der Sprache sei. Satzerkennung heißt *Syntaxanalyse*.

Zur Erkennung von Sätzen in regulären Sprachen ist ein *endlicher Automat* notwendig und hinreichend. In jedem Schritt liest ein endlicher Automat ein Symbol und ändert seinen Zustand. Der resultierende Zustand ist allein bestimmt durch das gelesene Symbol und den Zustand vor dem Schritt. Ist dieser neue Zustand eindeutig bestimmt, so heißt der Automat *deterministisch*, ansonst *nicht-deterministisch*. Ist der Automat als Programm dargestellt, so ist Zustand gleichbedeutend mit dem Ort der Interpretation des Programms.

Das Erkennungsprogramm kann direkt aus der beschreibenden EBNF-Formulierung der Syntax abgeleitet werden. Für jedes EBNF-Konstrukt *K* gibt es eine Übersetzungsregel, die ein entsprechendes Programmkonstrukt *Pr(K)* festlegt. Die Übersetzungsregeln sind nachfolgend angegeben. Dabei ist *sym* eine Variable, die stets das zuletzt gelesene Symbol darstellt. Die Prozedur *next* liest den Eingabetext und weist der Variablen *sym* das nächste Symbol zu. Die Prozedur *error* bricht den Vorgang ab, was bedeutet, daß die zu erkennende Symbolfolge nicht der vorgegebenen Syntax entspricht.

| *K* | *Pr(K)* |
|---|---|
| "x" | IF sym = "x" THEN next ELSE error END |
| (exp) | Pr(exp) |
| [exp] | IF sym IN first(exp) THEN Pr(exp) END |
| {exp} | WHILE sym IN first(exp) DO Pr(exp) END |
| $fac_0\ fac_1\ ...\ fac_n$ | $Pr(fac_0); Pr(fac_1); ... Pr(fac_n)$ |
| $term_0 \mid term_1 \mid ... \mid term_n$ | CASE sym OF |

$$first(term_0): Pr(term_0)$$
$$\mid first(term_1): Pr(term_1)$$
$$...$$
$$\mid first(term_n): Pr(term_n)$$

END

Die Symbolmenge *first(K)* enthält alle Symbole, mit denen ein Konstrukt *K* beginnen kann (Anfangssymbole). Für die obigen zwei Beispiele gilt:

first(integer) = digits = {"0", "1", "2", "3", "4", "5", "6", "7", "8", "9"}
first(identifier) = letters = {"A", "B", ... , "Z"}

Die Anwendung dieser einfachen Übersetzungsregeln ist allerdings an die Vorbedingung geknüpft, daß die Syntax deterministisch sei. Konkret läßt sich diese Forderung durch folgende Bedingungen ausdrücken:

| *K* | *Bed(K)* |
|---|---|
| $term_0$ \| $term_1$ | Die Terme dürfen keine gemeinsamen Anfangssymbole haben. |
| $fac_0$ \| fac1 | Läßt sich $fac_0$ durch die leere Folge ausdrücken, so dürfen die beiden Faktoren keine gemeinsamen Anfangssymbole haben. |
| [exp]  oder  {exp} | Die Menge der Anfangssymbole von *exp* und die Menge der Symbole, die *K* folgen können, müssen disjunkt sein. |

Diese Vorbedingungen sind für die obigen Beispiele *identifier* resp. *integer* trivialerweise erfüllt, und wir erhalten die folgenden Programme zu ihrer Erkennung:

```
IF s IN letters THEN next ELSE error END ;
WHILE sym IN letters + digits DO
   CASE sym OF
     "A" .. "Z": next
   | "0" .. "9": next
   END
END
```

```
IF sym IN digits THEN next ELSE error END ;
WHILE sym IN digits DO next END
```

Oft kann das auf diese Weise erhaltene Programm vereinfacht werden, indem Bedingungen eliminiert werden, wenn sie offensichtlich wegen vorangehender Bedingungen stets erfüllt sind. Die Bedingungen *sym IN letters* und *sym IN digits* werden, bei Verwendung von üblichen Zeichensätzen, wie folgt formuliert:

("A" <= sym) & (sym <= "Z")         ("0" <= sym) & (sym <= "9")

Die Bedeutung von regulären Sprachen im Zusammenhang mit Programmiersprachen kommt daher, daß letztere meistens zweistufig definiert werden. Damit meinen wir, daß die Syntax aufgrund von *abstrakten Terminalsymbolen* definiert wird. In einer zweiten, unabhängigen Definition werden diese sodann als Folgen von *konkreten Terminalsymbolen* festgelegt. Letztere sind in der Praxis Elemente eines konkreten Zeichensatzes, z.B ASCII-Zeichen. Durch diese Zweistufigkeit wird erreicht, daß Sprachen unabhängig von konkreten Zeichensätzen definiert werden können und daß die Repräsentation der abstrakten Symbole für verschiedene Zeichensätze separat erfolgen kann.

Dies beeinflußt auch die Struktur eines Compilers. Der Prozeß der Syntaxanalyse benutzt eine Prozedur, um jeweils das nächste Symbol zu erhalten. Diese wiederum basiert auf der Definition der Symbole als Zeichenfolgen und liest daher ein *oder mehrere* Zeichen, aus denen das Symbol zusammengesetzt ist. Man nennt diese Prozedur einen *Scanner* und die Syntaxanalyse auf dieser zweiten Stufe *lexikalische Analyse*. Die Definition von Symbolen als Zeichenfolgen entspricht typischerweise einer regulären Syntax und der Scanner daher einem endlichen Automaten.

Wir fassen die Zweistufigkeit der Definition von Programmiersprachen zusammen:

| Prozeß | Eingabeelement | Algorithmus | Syntax |
|---|---|---|---|
| Lexikalische Analyse | Zeichen | Scanner | regulär |
| Syntaxanalyse | Symbol | Parser | kontextfrei |

Als Beispiel zeigen wir abschließend einen Scanner, dem der EBNF-Formalismus zugrunde liegt. Die Syntax widerspiegelt das Vokabular von EBNF, also die Menge der Terminalsymbole von EBNF:

```
symbol     = {blank} (identifier | string | "(" | ")" | "[" | "]" | "{" | "}" | "|"
             | "=" | ".").
identifier = letter {letter | digit}.
string     = """ {character} """.
```

Daraus ergibt sich die folgende Prozedur *GetSym*, die bei jedem Aufruf das nächste Symbol liest und als numerischen *sym* Wert anzeigt. Wenn ein Identifier oder ein String gelesen wurde, so wird sein Wert als Zeichenfolge der Variablen *id* zugewiesen. Es ist zu beachten, daß ein Scanner implizit auch Regeln betreffend Zwischenräume (blanks) und Zeilenenden (CR) befolgt, die üblicherweise heißen: Zwischenräume und Zeilenenden trennen aufeinanderfolgende Symbole, sie haben ansonst jedoch keine Bedeutung.

Die Prozedur *Getsym* macht von folgenden globalen Vereinbarungen Gebrauch; man beachte, daß die abstrakte Leseoperation *next* konkret durch *Texts.Read(R, ch)* dargestellt ist. *R* ist ein global deklarierter *Reader*, der den Eingabetext bezeichnet. Ebenfalls zu beachten ist der Umstand, daß *ch* eine globale Variable sein muß, da sie am Ende von *GetSym* bereits das erste Zeichen des nachfolgenden Symbols enthalten kann. Dieses muß beim nächsten Aufruf von *GetSym* mitberücksichtigt werden.

```
CONST IdLen = 32;
    ident = 0; literal = 2; lparen = 3; lbrak = 4; lbrace = 5; bar = 6; eql = 7;
    rparen = 8; rbrak = 9; rbrace = 10; period = 11; other = 12;

TYPE Identifier = ARRAY IdLen OF CHAR;

VAR ch: CHAR;
    sym: INTEGER;
    id: Identifier;
    R: Texts.Reader;

PROCEDURE GetSym;
    VAR i: INTEGER;
BEGIN
    WHILE ~R.eot & (ch <= " ") DO Texts.Read(R, ch) END ;   (*skip blanks*)
    CASE ch OF
        "A" .. "Z", "a" .. "z": sym := ident; i := 0;
            REPEAT id[i] := ch; INC(i); Texts.Read(R, ch)
            UNTIL (CAP(ch) < "A") OR (CAP(ch) > "Z");
            id[i] := 0X
    | 22X:  (*quote*)
            Texts.Read(R, ch); sym := literal; i := 0;
            WHILE (ch # 22X) & (ch > " ") DO
                id[i] := ch; INC(i); Texts.Read(R, ch)
            END ;
            IF ch <= " " THEN error(1) END ;
            id[i] := 0X; Texts.Read(R, ch)
    | "=" : sym := eql; Texts.Read(R, ch)
    | "(" : sym := lparen; Texts.Read(R, ch)
    | ")" : sym := rparen; Texts.Read(R, ch)
    | "[" : sym := lbrak; Texts.Read(R, ch)
    | "]" : sym := rbrak; Texts.Read(R, ch)
    | "{" : sym := lbrace; Texts.Read(R, ch)
```

```
    |  "}" : sym := rbrace; Texts.Read(R, ch)
    | "|" : sym := bar; Texts.Read(R, ch)
    |  "." : sym := period; Texts.Read(R, ch)
    ELSE sym := other; Texts.Read(R, ch)
    END
END GetSym;
```

# 4 Analyse von kontextfreien Sprachen

## 4.1 Die Methode des rekursiven Abstiegs

Reguläre Sprachen unterliegen der Einschränkung, daß sie keine geschachtelten Strukturen ausdrücken können. Geschachtelte Strukturen sind aber nur mittels Rekursion möglich (siehe Kap. 2, Beispiel 3).

Ein endlicher Automat kann daher zwangsläufig für die Satzerkennung bei kontextfreien Sprachen nicht genügen. Wir wollen trotzdem blindlings versuchen, mit der in Kapitel 3 angegebenen Methode einen Erkennungsalgorithmus für die Sprache des dritten Beispiels von Kapitel 2 herzuleiten. Wo die Methode versagt – versagen muß –, liegt der Ansatzpunkt für ihre Erweiterung resp. Verallgemeinerung für kontextfreie Sprachen. Erstaunlicherweise ist nämlich der notwendige Zusatz gering, jedenfalls in programmtechnischer Hinsicht.

Das Konstrukt

```
A = "a" A "c" | "b".
```

führt nach Vereinfachungen und Verwendung einer IF- anstelle einer CASE-Anweisung zu folgendem Programm:

```
IF sym = "a" THEN
   next;
   IF sym = A THEN next ELSE error END ;
   IF sym = "c" THEN next ELSE error END
ELSIF sym = "b" THEN next
ELSE error
END
```

Wir haben dabei das Nichtterminalsymbol A gleich behandelt wie Terminalsymbole, was natürlich unzulässig ist. Der Sinn der dritten Programmzeile ist, ein Konstrukt der Form A zu erkennen. Aber dies ist gerade die Aufgabe, die unser Programm erfüllt (d. h. erfüllen soll). Deshalb liegt die einfache Lösung unserer Aufgabe darin, dem Programm einen Namen zu geben, d. h. dieses als Prozedur zu formulieren, und an die Stelle der 3. Zeile einen Aufruf dieser Prozedur zu setzen. Genauso wie in der Syntax das *Konstrukt A* rekursiv definiert ist, ist auch die gleichnamige *Prozedur A* rekursiv:

```
PROCEDURE A;
BEGIN
  IF sym = "a" THEN
    next; A;
    IF sym = "c" THEN next ELSE error END
  ELSIF sym = "b" THEN next
  ELSE error
  END
END A
```

Die notwendige Erweiterung des Satzes von Übersetzungsregeln ist denkbar einfach. Die einzige, zusätzliche Regel lautet:

> Zu jeder Definition eines Nichtterminalsymbols wird ein Erkennungsalgorithmus hergeleitet, und dieser wird als Prozedur mit dem Namen dieses Symbols formuliert. Das Vorkommen des Symbols in der Syntax wird in einen Aufruf der gleichnamigen Prozedur überführt.

*Anmerkung:*
Die Regel gilt unabhängig davon, ob eine Prozedur rekursiv ist oder nicht.

Zu beachten ist, daß die Voraussetzungen für einen deterministischen Erkennungsalgorithmus erfüllt sein müssen. Dies heißt unter anderem (siehe Kap. 3), daß in einem Ausdruck der Form

$term_0 \mid term_1$

die Terme keine gemeinsamen Anfangssymbole haben dürfen. Diese Bedingung schließt ganz allgemein Linksrekursion aus. Betrachten wir nämlich den Ausdruck

A = A "a" | "b".

so erkennen wir, daß die Einschränkung verletzt ist, weil "b" ein Anfangssymbol von A ist (b IN first(A)) und daher first(A "a") und first("b") nicht disjunkt sind. Gemeinsames Element ist "b".

Die einfache Konsequenz ist: Linksrekursion kann und muß durch Repetition ausgedrückt werden. In diesem Beispiel wird A = A "a" | "b" durch A = "b" { "a" } ersetzt.

Wir können unseren Schritt vom regulären Automaten zu dessen Erweiterung auch so auffassen, daß letzterer aus einer Menge von regulären Automaten besteht, die sich gegenseitig benutzen. Wesentlich neu ist dabei, daß der Zustand des benutzenden Automaten nach der Terminierung des benutzten wieder aufgenommen wird und daher abgespeichert werden muß. Da Prozeduraufrufe strikte geschachtelt sind, dient als Zustandsspeicher ein *Stack* (Kellerspeicher). Unsere Erweiterung heißt daher *Kellerautomat* oder *push-down automaton*. Theoretisch relevant ist dabei, daß dieser Keller *unendlich*, d. h. beliebig tief sein darf, worin der qualitative Unterschied zum endlichen Automaten zum Ausdruck kommt.

Das allgemeine Prinzip, das hier befolgt wird, ist also das folgende: Wir betrachten das Erkennen des Konstruktes, das mit dem Startsymbol bezeichnet ist, als oberstes Ziel. Kommt beim Verfolgen dieses Ziels, d. h. beim Durchlaufen der in Frage kommenden Produktionen, ein Nichtterminalsymbol vor, so wird dieses als Unterziel verfolgt, während das übergeordnete Ziel suspendiert wird. Man nennt diese Methodik daher auch *zielorientierte Satzzerlegung*. Betrachten wir den Strukturbaum des analysierten Satzes, so stellen wir fest, daß Ziele (Symbole), die oben im Baum liegen, zuerst in Angriff genommen werden, darunterliegende danach. Die Methodik heißt daher auch *Top-down-Zerlegung* (parsing) [Knu71, AhUl77]. Und schließlich heißt die vorgestellte Implementierung mittels (rekursiver) Prozeduren *recursive-descent parsing*.

Und schließlich rufen wir in Erinnerung, daß Entscheidungen stets aufgrund des einen, nächsten Symbols getroffen werden. Der Parser schaut gewissermassen um 1 Symbol voraus. Man nennt dies *one symbol lookahead*. Ein Vorausblicken über mehrere Symbole hin würde offensichtlich den Entscheidungsmechanismus wesentlich verkomplizieren und verlangsamen. Wir beschränken uns daher ausschließlich auf Sprachen, deren Sätze mit einem »lookahead« von einem einzigen Symbol erkannt werden können.

Als weiteres Beispiel für die Technik des rekursiven Abstiegs zeigen wir einen Parser für EBNF selbst, deren Syntax hier nochmals angegeben wird:

```
syntax     = {production}.
production = identifier "=" expression "." .
expression = term {"|" term}.
```

```
term        = factor {factor}.
factor      = identifier | string | "(" expression ")" | "[" expression "]"
              | "{" expression "}".
```

Durch Anwendung der gegebenen Übersetzungsregeln und nachfolgender programmtechnischer Vereinfachungen ergibt sich folgendes Programm, das als
Oberon-Modul formuliert ist.

```
MODULE EBNF;
  IMPORT Viewers, Texts, TextFrames, Oberon;

  CONST IdLen = 32;
    ident = 0; literal = 2; lparen = 3; lbrak = 4; lbrace = 5; bar = 6; eql = 7;
    rparen = 8; rbrak = 9; rbrace = 10; period = 11; other = 12;

  TYPE Identifier = ARRAY IdLen OF CHAR;

  VAR ch: CHAR;
    sym: INTEGER;
    lastpos: LONGINT;
    id: Identifier;
    R: Texts.Reader;
    W: Texts.Writer;

  PROCEDURE error(n: INTEGER);
    VAR pos: LONGINT;
  BEGIN pos := Texts.Pos(R);
    IF pos > lastpos+2 THEN  (*avoid spurious error messages*)
      Texts.WriteString(W, "  pos"); Texts.WriteInt(W, pos, 6);
      Texts.WriteString(W, "  err"); Texts.WriteInt(W, n, 4); lastpos := pos;
      Texts.WriteString(W, "  sym "); Texts.WriteInt(W, sym, 4);
      Texts.WriteLn(W); Texts.Append(Oberon.Log, W.buf)
    END
  END error;

  PROCEDURE GetSym;
  BEGIN ...  (*s. Kapitel 3*)
  END GetSym;

  PROCEDURE expression;

    PROCEDURE term;

      PROCEDURE factor;
      BEGIN
        IF sym = ident THEN record(T0, id, 1); GetSym
```

```
        ELSIF sym = literal THEN record(T1, id, 0); GetSym
        ELSIF sym = lparen THEN
          GetSym; expression;
          IF sym = rparen THEN GetSym ELSE error(2) END
        ELSIF sym = lbrak THEN
          GetSym; expression;
          IF sym = rbrak THEN GetSym ELSE error(3) END
        ELSIF sym = lbrace THEN
          GetSym; expression;
          IF sym = rbrace THEN GetSym ELSE error(4) END
        ELSE error(5)
        END
      END factor;

    BEGIN (*term*) factor;
      WHILE sym < bar DO factor END
    END term;

  BEGIN (*expression*) term;
    WHILE sym = bar DO GetSym; term END
  END expression;


  PROCEDURE production;
  BEGIN (*sym = ident*) GetSym;
    IF sym = eql THEN GetSym ELSE error(7) END ;
    expression;
    IF sym = period THEN GetSym ELSE error(8) END
  END production;


  PROCEDURE syntax(T: Texts.Text; pos: LONGINT);
  BEGIN Texts.OpenReader(R, T, pos);  Texts.Read(R, ch);
    lastpos := 0; T0 := NIL; T1 := NIL; GetSym;
    WHILE sym = ident DO production END
  END syntax;


  PROCEDURE Compile*;
  BEGIN (*set R to the beginning of the text to be compiled*)
    lastpos := 0; Texts.Read(R, ch); GetSym; syntax;
    Texts.Append(Oberon.Log, W.buf)
  END Compile;


BEGIN Texts.OpenWriter(W)
END EBNF.
```

# 4.2 Tabellengesteuertes Top-down-Parsing

Die *Methode* des rekursiven Abstiegs ist nur *eine* der möglichen Techniken, um das Top-down-Prinzip zu realisieren. Wir wollen hier eine zweite Technik vorstellen: das tabellengesteuerte Parsing.

Es ist naheliegend, das Top-down-Prinzip als allgemeinen Algorithmus zu formulieren, dem eine spezifische Syntax lediglich als Parameter zugeführt wird. Die Syntax tritt also als Datensatz auf, als eine Datenstruktur, die gerne als Graph (oder Tabelle) dargestellt wird. Diese Datenstruktur wird vom Parsing-Algorithmus gleichsam *interpretiert*. Ist sie als Graph dargestellt, so nimmt die Interpretation die Form eines Durchlaufens der Struktur an, gesteuert durch den zu analysierenden Eingabetext.

Zuerst müssen wir eine Form des zu interpretierenden Strukturgraphen als Datenstruktur festlegen. Wir stellen fest, daß EBNF zwei repetitive Konstrukte aufweist, nämlich Sequenzen von Faktoren und Sequenzen von Termen. Natürlicherweise werden sie als Listen abgebildet. Jedes Element der Datenstruktur stellt ein Symbol dar. Somit muß offenbar jedes Element zwei Nachfolger anzeigen können, repräsentiert durch Pointer (Zeiger); wir nennen sie *next* (für den nachfolgenden Faktor) und *alt* für die nächste Alternative (Term). In der Sprache Oberon formuliert, lautet die Typenvereinbarung wie folgt:

```
Symbol  = POINTER TO SymDesc;
SymDesc = RECORD alt, next: Symbol END
```

Diesen abstrakten Datentyp erweitern wir zu konkreten Typen, die Terminalsymbole und Nichtterminalsymbole darstellen. Erstere enthalten das repräsentierte Terminalsymbol als zusätzliches Attribut:

```
Terminal = POINTER TO TSDesc;
TSDesc   = RECORD (Symbol) sym: INTEGER END
```

Elemente, die ein Nichtterminalsymbol repräsentieren, enthalten einen Verweis auf die das Symbol darstellende Datenstruktur. Aus praktischen Gründen führen wir eine Indirektion ein: Der Verweis zeigt auf ein Kopfelement, welches seinerseits auf die Struktur verweist und zusätzlich den Namen des Symbols enthält. Dies wäre an sich nicht nötig; die Nützlichkeit des Namens wird erst später ersichtlich.

```
Nonterminal = POINTER TO NTSDesc;
NTSDesc     = RECORD (Symbol) this: Header END
```

Header  =  POINTER TO HDesc;
HDesc  =  RECORD sym: Symbol;  name: ARRAY n OF CHAR END

Als Beispiel wählen wir folgende Syntax für einfache Ausdrücke. Abb. 4.1 zeigt die ihr entsprechende Datenstruktur. Horizontal ausgehende Zeiger sind *next*-Werte, vertikal ausgehende sind *alt*-Werte.

expression  =  term {("+" | "-") term}.
term        =  factor {("*" | "/") factor}.
factor      =  id | "(" expression ")" .

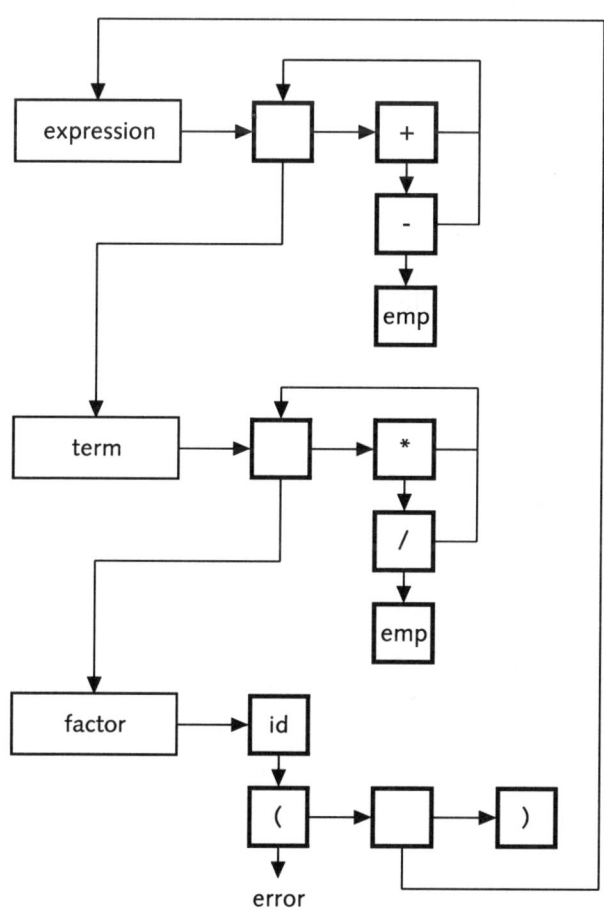

*Abb. 4.1: Syntax als Datenstruktur*

Nun sind wir in der Lage, den allgemeinen Parsing-Algorithmus in Form einer konkreten Prozedur anzugeben:

```
PROCEDURE Parsed(hd: Header): BOOLEAN;
  VAR x: Symbol; match: BOOLEAN;
BEGIN x := hd.sym; Texts.WriteString(Wr, hd.name);
  REPEAT
    IF x IS Terminal THEN
      IF x(Terminal).sym = sym THEN match := TRUE; GetSym
      ELSE match := (x = empty)
      END
    ELSE match := Parsed(x(Nonterminal).this)
    END ;
    IF match THEN x := x.next ELSE x := x.alt END
  UNTIL x = NIL;
  RETURN match
END Parsed
```

Vier Bemerkungen sind zu beachten:

1. Wir sind stillschweigend davon ausgegangen, daß Terme die Form

$$T = f_0 \mid f_1 \mid ... \mid f_n$$

   haben, wobei *alle Faktoren außer dem letzten* mit einem Terminalsymbol beginnen. Denn nur so ist es möglich, die Liste der Alternativen zu durchlaufen und in jedem Schritt nur ein einziges Symbol zu prüfen.

2. Die Datenstruktur kann aus der Syntax (in EBNF) automatisch erzeugt werden. Sie wird gleichsam kompiliert.

3. In obiger Prozedur wird der Name jedes Nichtterminalsymbols ausgegeben, das erkannt werden soll. Genau dazu dient das zusätzliche Kopfelement.

4. *Empty* ist ein spezielles Terminalsymbol, das die leere Folge repräsentiert. Es wird hier benötigt, um den Ausgang von Repetitionen zu markieren.

# 4.3 Bottom-up-Parsing

Sowohl der rekursive Abstieg als auch das präsentierte tabellengesteuerte Parsing sind Techniken, denen das Top-down-Prinzip zugrunde liegt. Das *Hauptziel* ist, zu zeigen, daß der vorliegende Text dem *Startsymbol* entspringt. Werden dabei (in der

Syntax) weitere Nichtterminalsymbole angetroffen, so werden sie als *Unterziele* aufgefaßt. Der Erkennungsprozeß baut den Syntaxbaum ausgehend vom Startsymbol, d. h. der Wurzel, auf, also von oben nach unten *(top-down)*.

Man kann aber auch nach einem komplementären Prinzip vorgehen, nach dem sogenannten *Bottom-up*-Prinzip. Hier wird ohne Vorgabe eines fixen Ziels der Text gelesen und nach jedem Symbol geprüft, ob die gelesene Folge einem Syntaxkonstrukt entspricht. Ist dies der Fall, dann wird sie durch das entsprechende Nichtterminalsymbol ersetzt. Der Erkennungsprozeß besteht also wiederum aus einzelnen Schritten, von denen es zwei verschiedene Arten gibt:

1. das Lesen eines weiteren Symbols im Text (Verschieben der Leseposition = shift step)

2. das Reduzieren einer gelesenen Symbolfolge in ein einziges NT-Symbol durch Anwendung einer Syntaxregel (reduce step)

Man nennt daher das Vorgehen in der Bottom-up-Richtung auch *Shift-reduce-Parsing*. Die Syntaxkonstrukte werden aufgebaut; der Syntaxbaum wächst von *unten nach oben* (bottom-up) [Knu65, AhUl77, Kas90].

Wir zeigen das Verfahren wiederum anhand des einfachen Beispiels von Ausdrücken. Die Syntax sei

```
E = T | E "+" T.     expression
T = F | T "*" F.     term
F = id | "(" E ")".  factor
```

Der zu erkennende Satz sei *x* * *(y + z)*. Zur Darstellung des Prozeßablaufs wird rechts der (noch verbleibende) Eingabetext, links die (anfangs leere) Folge der bereits erkannten Konstrukte aufgezeigt. Ganz links ist die Art des Schrittes (S = shift, R = reduce) angegeben.

|   |         | x * (y + z) |
|---|---------|-------------|
|   |         |             |
| S | x       | * (y + z)   |
| R | F       | * (y + z)   |
| R | T       | * (y + z)   |
| S | T *     | (y + z)     |
| S | T * (   | y + z)      |
| S | T * (y  | + z)        |
| R | T * (F  | + z)        |
| R | T * (T  | + z)        |
| R | T * (E  | + z)        |

| | | |
|---|---|---|
| S | T * (E + | z) |
| S | T * (E + z | ) |
| R | T * (E + F | ) |
| R | T * (E + T | ) |
| R | T * (E | ) |
| S | T * (E) | |
| R | T * F | |
| R | T | |
| R | E | |

Der Eingabetext wurde damit auf das Symbol E (expression) reduziert. Der Speicher für die linke Symbolfolge ist offenbar ein Kellerspeicher *(Stack)*.

In Analogie dazu können wir den Prozeß nach dem Top-down-Prinzip wie folgt darstellen. Die beiden Schrittarten sind mit M (match) und P (produce, expand) bezeichnet. Startsymbol ist E.

| | | |
|---|---|---|
| | E | x * (y + z) |
| P | T | x * (y + z) |
| P | T * F | x * (y + z) |
| P | F * F | x * (y + z) |
| P | id * F | x * (y + z) |
| M | * F | * (y + z) |
| M | F | (y + z) |
| P | (E) | (y + z) |
| M | E) | y + z) |
| P | E + T) | y + z) |
| P | T + T) | y + z) |
| P | F + T) | y + z) |
| P | id + T) | y + z) |
| M | + T) | + z) |
| M | T) | z) |
| P | F) | z) |
| P | id) | z) |
| M | ) | ) |
| M | | |

Offenbar wird beim Bottom-up-Prinzip stets die Symbolfolge am *rechten Ende* des Stacks reduziert, während beim Top-down-Prinzip stets das NT-Symbol am *linken Ende* expandiert wird. Man nennt daher (nach D. E. Knuth) das Bottom-up-Prinzip auch LR-Parsing, das Top-down-Prinzip aber LL-Parsing. Das erste L spiegelt die Tatsache wider, daß der Text von *links* nach rechts gelesen wird.

Oft wird dieser Klassifizierung ein Parameter k beigefügt (LL(k), LR(k)), der angibt, wieviele Symbole der *Lookahead* umfaßt. Wir beziehen uns implizit stets auf k = 1.

Kommen wir auf das Bottom-up-(LR-)Prinzip kurz zurück! Das Problem liegt hier darin zu entscheiden, von welcher Art der nächste Schritt sein soll und, falls eine Reduktion angezeigt ist, wie weit sie im Stack nach links reichen soll, d.h., welche Symbole sie miteinschließen soll.

Diese Frage ist nicht leicht zu beantworten. Wir stellen aber jedenfalls fest, daß, um ein effizientes Parsing zu gewährleisten, die zum Entscheid nötige Information in geeignet kompilierter Weise vorliegen muß. Bottom-up-Parser arbeiten daher stets aufgrund von Tabellen, analog zum vorgestellten tabellengesteuerten, allgemeinen Top-down-Parser. Neben der Darstellung der Syntax als Datenstruktur ist zusätzlich Information bereitzustellen, die erlaubt, effizient die Art des nächsten Schrittes zu bestimmen. Bottom-up-Parsing ist daher im allgemeinen komplizierter als Top-down-Parsing.

Es gibt verschiedene LR(k)-Parsing-Algorithmen, die der Syntax unterschiedliche Randbedingungen auferlegen und nach denen sich ihre Komplexität und Effizienz richtet. Von ihnen seien die SLR-[DeRe71] und LALR-Methoden [ LaLo71] erwähnt, die hier aber nicht weiter erläutert werden sollen.

# 5 Attribuierte Grammatiken und Semantikanschluß

Attribuierte Grammatiken sind Grammatiken, bei denen den einzelnen Konstrukten, den Nichtterminalsymbolen, Attribute beigegeben werden. Die Konstrukte werden durch die Attribute gleichsam parametrisiert. Dies dient unter anderem der Vereinfachung der Syntax, ist aber auch maßgebend beim Ausbau eines Parsers zu einem eigentlichen Übersetzer [ReMö85]. Der Übersetzungsvorgang ist dadurch gekennzeichnet, daß jedes Erkennen eines Konstrukts durch die Ausgabe einer (möglicherweise leeren) Zeichenfolge begleitet wird. Jeder syntaktischen Regel werden zusätzliche Regeln zugeordnet, welche die Beziehungen zwischen den Attributwerten der einzelnen Symbole der Produktion und die begleitende Ausgabe definieren. Es folgen einige wichtige Beispiele für den Einsatz von Attributen.

## 5.1 Typenregeln

Als einfaches Beispiel diene eine Sprache, in der mehrere Datentypen vorkommen. Anstatt für jeden Typ eine explizite Syntax für seine Ausdrücke anzugeben (wie dies z. B. in der Definition von Algol 60 noch geschah), wird nur einmal eine Syntax für Ausdrücke festgelegt; die Konstrukte werden dafür mit dem Datentyp T attribuiert. Beispielsweise wird ein Ausdruck vom Typ T als *exp(T)* bezeichnet, d. h. als *exp* mit dem Attributwert T. Regeln über die Typenkompatibilität werden sodann als *Zusätze* zu den Syntaxproduktionen aufgefaßt. Die Bedingungen, daß die beiden Operanden der Addition und der Subtraktion vom gleichen Typ sein müssen und daß der Typ des Resultates ebenfalls von diesem Typ sei, werden durch folgende Zusätze zu den syntaktischen Regeln postuliert:

| Produktion (Syntax) | Attributregeln | Kontextbedingungen |
|---|---|---|
| $\exp(T_0) =$ | $\text{term}(T_1) \mid$ | $T_0 := T_1$ |
| | $\exp(T_1) \text{ "+" } \text{term}(T_2) \mid$ | $T_0 := T_1 \quad T_1 = T_2$ |
| | $\exp(T_1) \text{ "-" } \text{term}(T_2).$ | $T_0 := T_1 \quad T_1 = T_2$ |

Sollen z. B. Operanden von den Typen INTEGER und REAL im selben Ausdruck vorkommen dürfen, so werden die Zusatzbedingungen weniger restriktiv, aber komplizierter, nämlich:

$T_0 :=$ if $(T_1 = $ INTEGER$)$ & $(T_2 = $ INTEGER$)$ then INTEGER else REAL,
$T_1$ IN {INTEGER, REAL}
$T_2$ IN {INTEGER, REAL}

In der Tat sind Regeln betreffend Typenkompatibilität ebenfalls »statisch«, d. h. hängen nicht von einer Auswertung ab, und ihre Ausgrenzung aus der Syntax ist eher willkürlich. Wir stellen jedoch fest, daß attribuierte Grammatiken eine neue Dimension erhalten, wenn die (Anzahl der) möglichen Attributwerte (hier Typen) nicht vorbestimmt ist.

Bezeichnet eine syntaktische Regel eine Repetition oder eine Option, so ist es für die Spezifikation der Attributregeln zweckmäßig, die Repetition als Rekursion darzustellen und die Option explizit in zwei Fälle aufzuteilen:

$\exp(T_0) = \text{term}(T_1) \{ \text{"+"} \text{ term}(T_2) \}.$  $\qquad$  $\exp(T_0) = [\text{"-"}] \text{ term}(T_1).$

werden aufgeteilt in die beiden Produktionenpaare

$\exp(T_0) = \text{term}(T_1) \mid$  $\qquad\qquad\qquad$  $\exp(T_0) = \text{term}(T_1) \mid$
$\qquad\quad \exp(T_1) \text{ "+" } \text{term}(T_2).$  $\qquad\qquad\qquad\quad$  $\text{"-" } \text{term}(T_1).$

Die mit einer Produktion assoziierten Typenregeln werden dann berücksichtigt, wenn die Produktion zur Anwendung kommt, d. h., wenn ein entsprechendes Konstrukt entdeckt wird. Diese Assoziierung ist besonders einfach zu bewerkstelligen, wenn ein Parser mit rekursivem Abstieg vorliegt: Anweisungen für die Attributregeln werden einfach den Parser-Anweisungen beigefügt, und das Attribut tritt als *Parameter* der Prozeduren auf, die den NT-Symbolen entsprechen. Als Beispiel für eine solche Erweiterung diene die Erkennungsprozedur für Ausdrücke:

```
PROCEDURE expression;
BEGIN term;
   WHILE (sym = "+") OR (sym = "-") DO
```

```
      GetSym; term
   END
END expression
```

Sie wird ergänzt zu:

```
PROCEDURE expression(VAR typ0: Type);
   VAR typ1, typ2: Type;
BEGIN term(typ1);
   WHILE (sym = "+") OR (sym = "-") DO
      GetSym; term(typ2);
      typ1 := ResType(typ1, typ2)
   END ;
   typ0 := typ1
END expression
```

# 5.2 Auswertungsregeln

Als zweites Beispiel wählen wir eine Sprache, die nur aus Ausdrücken besteht, deren Faktoren Zahlen sind. Es ist naheliegend, den Parser zum Auswerter zu erweitern, indem jedem syntaktischen Konstrukt das Attribut *Wert* (val) zugeordnet wird. Ähnlich wie im ersten Beispiel Typenkompatibilitätsregeln, werden hier jeder Produktion Auswertungsregeln beigefügt. Damit haben wir implizit den Begriff Auswertung und *Semantik* eingebracht:

| Produktion (Syntax) | | Attributregel (Semantik) |
|---|---|---|
| $exp(v_0)$ = | $term(v_1)$ \| | $v_0 := v_1$ |
| | $exp(v_1)$ "+" $term(v_2)$ \| | $v_0 := v_1 + v_2$ |
| | $exp(v_1)$ "-" $term(v_2)$. | $v_0 := v_1 - v_2$ |
| $term(v_0)$ = | $factor(v_1)$ \| | $v_0 := v_1$ |
| | $term(v_1)$ "*" $factor(v_2)$ \| | $v_0 := v_1 * v_2$ |
| | $term(v_1)$ "/" $factor(v_2)$. | $v_0 := v_1 / v_2$ |
| $v_0$-factor = | $number(v_1)$ \| | $v_0 := v_1$ |
| | "(" $exp(v_1)$ ")". | $v_0 := v_1$ |

Hier ist das Attribut der berechnete numerische Wert des Konstrukts. Als Beispiel für die entsprechende Ergänzung zeigen wir dieselbe Erkennungsprozedur für Ausdrücke wie oben. Hier wird sie ergänzt zu:

```
PROCEDURE expression(VAR val0: INTEGER);
  VAR val1, val2: INTEGER; op: CHAR;
BEGIN term(val1);
  WHILE (sym = "+") OR (sym = "-") DO
    op : = sym; GetSym; term(val2);
    IF op = "+" THEN val1 : = val1 + val2 ELSE val1 := val1 - val2 END
  END ;
  val0 := val1
END expression
```

# 5.3 Übersetzungsregeln

Ein drittes Beispiel zeigt die Grundstruktur eines Compilers. Die Zusatzregeln der einzelnen Produktionen betreffen hier nicht Attribute der Symbole, sondern sie bestimmen die Daten, die ausgegeben werden, wenn die Produktion bei der Satzzerlegung zur Anwendung gelangt. Das Erzeugen von Output ist gleichsam ein Nebeneffekt der Satzanalyse. Typischerweise ist der Output eine sequentielle Datei von Instruktionen. In unserem Beispiel seien die Dateielemente abstrakte Symbole, und Ausgabe sei durch den Operator *put* angezeigt.

| Produktion (Syntax) | | Ausgaberegel (Semantik) |
|---|---|---|
| exp = | term | - |
| | exp "+" term | put("+") |
| | exp "-" term. | put("-") |
| term = | factor | - |
| | term "*" factor | put("*") |
| | term "/" factor. | put("/") |
| factor = | number | put(number) |
| | "(" exp ")". | - |

Wie sich leicht feststellen läßt, stellt die Ausgabesequenz den eingelesenen Ausdruck in Postfix-Form dar, d.h., der Parser ist zu einem Übersetzer erweitert worden.

| *Infix-Notation* | *Postfix-Notation* |
|---|---|
| 2 + 3 | 2 3 + |
| 2 * 3 + 4 | 2 3 * 4 + |
| 2 + 3 * 4 | 2 3 4 * + |
| (5 - 4) * (3 + 2) | 5 4 - 3 2 + * |

Die Ergänzung zur Kompilierungsprozedur für Ausdrücke lautet wie folgt:

```
PROCEDURE expression;
  VAR op: CHAR;
BEGIN term;
  WHILE (sym = "+") OR (sym = "-") DO
    op := sym; GetSym; term; put(op)
  END
END expression
```

Bei Verwendung eines tabellengesteuerten Parsers liegt die Idee nahe, auch Typen-regeln und allgemeine Attributregeln in Tabellenform darzustellen. Sind gar die Aus-wertungsregeln dergestalt enthalten, so können wir von einer formalen Definition der Sprache sprechen. Der allgemeine, tabellengesteuerte Parser wird zum *allgemeinen Compiler*. Dies ist bis anhin ein eher utopisches Unterfangen geblieben, die Idee geht jedoch bis in die frühen 60er Jahre zurück und ist schematisch in Abb. 5.1 dargestellt.

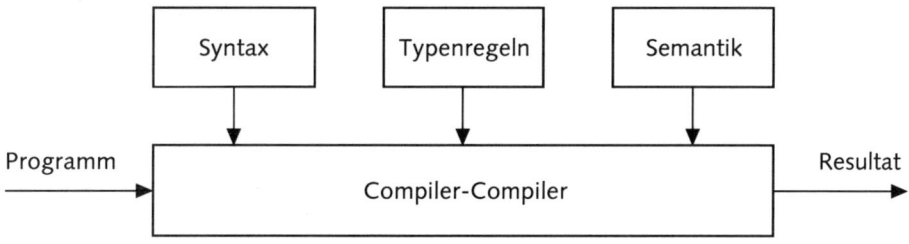

*Abb. 5.1: Schema eines allgemeinen Compilers*

Schließlich jedoch ist die Grundidee jeder Sprache, daß sie ein Mittel zur Kommunikation sei. Dies bedingt, daß Partner dieselbe Sprache benützen und verstehen. Die Förderung der Leichtigkeit, eine Sprache zu ändern und gar zu erweitern, kann daher leicht kontraproduktiv werden. Hingegen ist es in der Industrie üblich geworden, auch Compiler für eine vorgegebene Sprache mit tabellengesteuertem Parser zu versehen, die Tabellen mit einem »Tool« automatisch aus der Syntax abzuleiten, die Semantik durch einen Satz von Prozeduren zu definieren und deren Aufrufe ebenfalls automatisch in den Parser zu integrieren. Compiler werden dadurch nicht nur umfangreicher und ineffizienter, als es zu begründen wäre, sondern leider auch weniger transparent. Transparenz jedoch bleibt uns ein Hauptanliegen.

# 6 Die Programmiersprache Oberon-0

Damit wir uns bei den Ausführungen über Prinzipien der Kompilierung nicht in Allgemeinheiten und Theorien verlieren, werden wir im folgenden einen spezifischen Compiler konkret realisieren und an diesem Projekt die auftretenden Probleme erläutern. Dazu ist es notwendig, daß wir uns an einer spezifischen, zu verarbeitenden Programmiersprache ausrichten.

Natürlich ist es unumgänglich, diesen Compiler, und damit auch die Sprache, genügend einfach zu halten, damit sie in den Rahmen eines einführenden Buches passen. Anderseits liegt der Wunsch nahe, möglichst alle wichtigen Grundprinzipien von Programmiersprachen und kompilierungstechniken darlegen zu können. Daraus ergeben sich die Randbedingungen für die zu wählende Sprache: Sie muß einfach, aber doch repräsentativ sein. Wir wählen daher eine Untermenge der Sprache *Oberon* [ReWi92], die ihrerseits eine Kondensierung auf das Wesentliche der Sprachen *Modula-2* [Wir82] und *Pascal* [Wir71] darstellt und sozusagen als letzter Sproß einer Entwicklungslinie von strukturierten Sprachen gelten kann, die mit *Algol 60* [Naur60] begann. Die Untermenge heißt Oberon-0 und ist genügend mächtig, daß sich damit die Grundlagen der Programmierung lehren und lernen lassen.

Was Programmstrukturen betrifft, so ist Oberon-0 verhältnismäßig gut ausgebaut. Als elementare Anweisung finden wir die Wertzuweisung. Die zusammengesetzten Anweisungen verkörpern die Konzepte der Anweisungsfolge, der bedingten und der repetierten Anweisung, letztere in der Form von konventionellen if- und while-Strukturen. Oberon-0 enthält ferner das wichtige Konzept des Unterprogramms, dargestellt durch Prozedur-Vereinbarungen und Aufrufe. Ihre Ausdruckskraft basiert vor allem auf der Parametrisierbarkeit. Wir unterscheiden in Oberon zwischen Werteparametern und Variablen-Parametern.

Im Bereich der Datentypen hingegen ist Oberon-0 eher frugal. Die einzigen elementaren Typen sind die ganzen Zahlen und die logischen Werte, mit INTEGER bzw. BOOLEAN bezeichnet. Es ist also möglich, ganzzahlige Konstanten und Variablen zu vereinbaren sowie Ausdrücke mit den arithmetischen Grundoperationen zu bilden. Vergleiche von Ausdrücken liefern Boole'sche Größen, die mit logischen Operatoren verknüpft werden können.

An Datenstrukturen sind der Array und der Record (Verbund) vorhanden, und sie können beliebig geschachtelt werden. Zeigertypen sind weggelassen.

Prozeduren stellen logische Einheiten von Operationen dar. Es liegt daher nahe, das wichtige Konzept der Lokalität von vereinbarten Namen mit der Prozedur zu verbinden. Oberon-0 bietet die Möglichkeit, Bezeichner lokal zu vereinbaren, d.h. so, daß sie nur innerhalb derjenigen Prozedur Gültigkeit haben, in der sie vereinbart sind.

Die obige, kurze Charakterisierung der Sprache hat den Hauptzweck, den nötigen Kontext zu vermitteln, um die nachfolgend definierte Syntax zu erfassen und den mit den einzelnen Strukturen verknüpften Sinn zu begreifen. Die Syntax ist nachfolgend in EBNF formuliert.

```
ident = letter {letter | digit}.
integer = digit {digit}.

selector = {"." ident | "[" expression "]"}.
number = integer.
factor = ident selector | number | "(" expression ")" | "~" factor.
term = factor {("*" | "DIV" | "MOD" | "&") factor}.
SimpleExpression = ["+"|"-"] term {("+"|"-" | "OR") term}.
expression = SimpleExpression ("=" | "#" | "<" | "<=" | ">" | ">=")
   SimpleExpression.
assignment = ident selector ":=" expression.
ActualParameters = "(" [expression {"," expression}] ")" .
ProcedureCall = ident selector [ActualParameters].
IfStatement = "IF" expression "THEN" StatementSequence
   {"ELSIF" expression "THEN" StatementSequence}
   ["ELSE" StatementSequence] "END".
WhileStatement = "WHILE" expression "DO" StatementSequence "END".
statement = [assignment | ProcedureCall | IfStatement | WhileStatement].
StatementSequence = statement {";" statement}.

IdentList = ident {"," ident}.
ArrayType = "ARRAY" expression "OF" type.
FieldList = [IdentList ":" type].
RecordType = "RECORD" FieldList {";" FieldList} "END".
type = ident | ArrayType | RecordType.
FPSection = ["VAR"] IdentList ":" type.
```

FormalParameters = "(" [FPSection {";" FPSection}] ")".
ProcedureHeading = "PROCEDURE" ident [FormalParameters].
ProcedureBody = declarations ["BEGIN" StatementSequence] "END" ident.
ProcedureDeclaration = ProcedureHeading ";" ProcedureBody.
declarations = ["CONST" {ident "=" expression ";"}]
  ["TYPE" {ident "=" type ";"}]
  ["VAR" {IdentList ":" type ";"}]
  {ProcedureDeclaration ";"}.
module = "MODULE" ident ";" declarations
  ["BEGIN" StatementSequence] "END" ident "." .

Das folgende Beispiel eines Moduls möge genügen, um den ungefähren Umfang der Sprache vorzustellen. Das Modul enthält verschiedene bekannte Prozeduren, deren Namen selbsterklärend sind.

```
MODULE Sample;

PROCEDURE Multiply;
  VAR x, y, z: INTEGER;
BEGIN Read(x); Read(y); z := 0;
  WHILE x > 0 DO
    IF z MOD 2 = 1 THEN z := z + y END ;
    y := 2*y; x := x DIV 2
  END ;
  Write(x); Write(y); Write(z); WriteLn
END Multiply;

PROCEDURE Divide;
  VAR x, y, r, q, w: INTEGER;
BEGIN Read(x); Read(y); r := x; q := 0; w := y;
  WHILE w <= r DO w := 2*w END ;
  WHILE w > y DO
    q := 2*q; w := w DIV 2;
    IF w <= r THEN r := r - w; q := q + 1 END
  END ;
  Write(x); Write(y); Write(q); Write(r); WriteLn
END Divide;

PROCEDURE BinSearch;
  VAR i, j, k, n: INTEGER;
    a: ARRAY 32 OF INTEGER;
BEGIN Read(n); k := 0;
  WHILE k < n DO Read(a[k]); k := k + 1 END ;
  i := 0; j := n;
```

```
    WHILE i < j DO
        k := (i+j) DIV 2;
        IF x < a[k] THEN j := k ELSE i := k+1 END
    END ;
    Write(i); Write(j); Write(a[j]); WriteLn
END BinSearch;

END Sample.
```

# 7 Ein Parser für Oberon-0

## 7.1 Der Scanner

Bevor die Konstruktion eines Parsers in Angriff genommen wird, wenden wir uns dem Scanner zu, der in einem Quelltext die einzelnen Terminalsymbole erkennt. Zuvor legen wir sein Vokabular fest:

```
* DIV MOD & + - OR
= # < <= > >= . , : ) ]
OF THEN DO ( [ ~ := ;
END ELSE ELSIF IF WHILE
ARRAY RECORD CONST TYPE
VAR PROCEDURE BEGIN MODULE
```

Die aus Großbuchstaben zusammengesetzten Wörter, die je ein Symbol darstellen, heißen *reservierte Wörter*. Sie werden vom Scanner als solche erkannt und können daher nicht als Bezeichner verwendet werden. Neben den oben aufgeführten gelten auch *Bezeichner* und *Zahlen* als Terminalsymbole. Der Scanner erhält damit auch die Aufgabe, Bezeichner und Zahlen zu erkennen.

Der Scanner wird zweckmäßig als Modul formuliert und ist ein klassisches Beispiel für die Anwendung des Modulkonzeptes. Es erlaubt, gewisse Einzelheiten vor den Klienten (in diesem Fall dem Parser) versteckt zu halten und nur diejenigen Aspekte zur Schau zu stellen (zu exportieren), die für die Verwendung des Moduls relevant sind. Wir fassen diese als Schnittstellen-Definition zusammen:

```
DEFINITION OSS;
  IMPORT Texts;

  CONST IdLen = 16;
    (*symbols*) null = 0;
      times = 1; div = 3; mod = 4; and = 5; plus = 6; minus = 7; or = 8;
```

```
eql = 9; neq = 10; lss = 11; leq = 12; gtr = 13; geq = 14;
period = 18; comma = 19; colon = 20; rparen = 22; rbrak = 23;
of = 25; then = 26; do = 27;
lparen = 29; lbrak = 30; not = 32; becomes = 33; number = 34; ident = 37;
semicolon = 38; end = 40; else = 41; elsif = 42;
if = 44; while = 46;
array = 54; record = 55;
const = 57; type = 58; var = 59; procedure = 60; begin = 61; module = 63; eof = 64;

TYPE Ident = ARRAY IdLen OF CHAR;

VAR val: LONGINT;
    id: Ident;
    error: BOOLEAN;

PROCEDURE Mark(msg: ARRAY OF CHAR);
PROCEDURE Get(VAR sym: INTEGER);
PROCEDURE Init(T: Texts.Text; pos: LONGINT);
END OSS.
```

Symbolwerte werden auf ganze Zahlen abgebildet. Diese Abbildung ist durch Konstantendefinitionen festgelegt. Die Prozedur *Mark* dient der Anzeige von entdeckten Fehlern. Typischerweise wird ein kurzer Hinweis zusammen mit der Textposition, an der der Fehler im Quelltext entdeckt wurde, in einen Log-Text ausgegeben. Die Prozedur *Get* stellt den eigentlichen Scanner dar und liefert bei jedem Aufruf das jeweils nächste Zeichen des Quelltextes. Sie erfüllt folgende Aufgaben:

1. Leerzeichen und Zeilenenden werden übersprungen.

2. Reservierte Wörter wie BEGIN, END etc. werden als Symbole erkannt.

3. Folgen von Buchstaben und Ziffern, die nicht reservierte Wörter sind, werden als Bezeichner (identifiers) erkannt. Der Parameter *sym* erhält den Wert *ident*. Der Bezeichner selbst wird der Variablen *id* zugewiesen.

4. Folgen von Ziffern werden als Zahlen erkannt. Der Parameter *sym* erhält den Wert *number*, während die Zahl der globalen Variablen *val* zugewiesen wird.

5. Kombinationen von Spezialzeichen (z. B. := ) werden als ein Symbol erkannt.

6. Kommentare, dargestellt durch Zeichenfolgen, die mit (* beginnen und mit *) enden, werden übersprungen.

7. Das Symbol *null* wird erzeugt, wenn der Scanner ein illegales Zeichen erkennt (z. B. $ oder %). Das Symbol *eof* wird erzeugt, wenn das Ende eines Textes erreicht wird. Beide Zeichen können fehlerfreien Texten nicht entstammen.

## 7.2 Der Parser

Die Konstruktion des Parsers kann strikte nach den in den Kapiteln 3 und 4 angegebenen Regeln vorgenommen werden. Zuvor ist es aber nötig zu prüfen, ob die vorliegende Syntax den Bedingungen genügt, so daß der Parser mit einem *Lookahead* von einem einzigen Symbol auskommt. Dazu werden zuerst die Mengen der Anfangs- und der Folgesymbole ermittelt. Diese sind in den folgenden Tabellen festgehalten.

| S | first(S) | possibly empty |
|---|---|---|
| selector | . [ | * |
| factor | ( ~ integer ident | |
| term | ( ~ integer ident | |
| SimpleExpression | + - ( ~ integer ident | |
| expression | + - ( ~ integer ident | |
| assignment | ident | |
| ProcedureCall | ident | |
| statement | ident IF WHILE | * |
| StatementSequence | ident IF WHILE | * |
| FieldList | ident | * |
| type | ident ARRAY RECORD | |
| FPSection | ident VAR | |
| FormalParameters | ( | |
| ProcedureHeading | PROCEDURE | |
| ProcedureBody | END CONST TYPE VAR PROCEDURE BEGIN | |
| ProcedureDeclaration | PROCEDURE | |
| declarations | CONST TYPE VAR PROCEDURE | * |
| module | MODULE | |

| S | follow(S) |
|---|---|
| selector | * DIV MOD + - = # < <= > >= , ) ] OF THEN DO ; END ELSE ELSIF |
| factor | * DIV MOD + - = # < <= > >= , ) ] OF THEN DO ; END ELSE ELSIF |
| term | + - = # < <= > >= , ) ] OF THEN DO ; END ELSE ELSIF |
| SimpleExpression | = # < <= > >= , ) ] OF THEN DO ; END ELSE ELSIF |
| expression | , ) ] OF THEN DO ; END ELSE ELSIF |
| assignment | ; END ELSE ELSIF |
| ProcedureCall | ; END ELSE ELSIF |
| statement | ; END ELSE ELSIF |
| StatementSequence | END ELSE ELSIF |

| S | follow(S) |
|---|---|
| FieldList | ; END |
| type | ) ; |
| FPSection | ) ; |
| FormalParameters | ) ; |
| ProcedureHeading | ; |
| ProcedureBody | ident |
| ProcedureDeclaration | ; |
| declarations | END BEGIN |

Die anschließende Überprüfung der Regeln für Determinismus zeigt, daß die Syntax mit der Methode des rekursiven Abstiegs mit einem Lookahead von einem einzigen Symbol bearbeitet werden kann. Dabei entspricht jedem Nichtterminalsymbol eine Prozedur. Bevor die einzelnen Prozeduren des Parsers formuliert werden, ist es nützlich festzustellen, in welcher Weise sie aufeinander Bezug nehmen. Wir konstruieren dazu ein sogenanntes Bezugsdiagramm (siehe Abb. 7.1).

Jede Prozedur wird darin als Knoten dargestellt, von dem ein Verweis auf jene Prozeduren ausgeht, auf die sich die Prozedur direkt oder indirekt abstützt. Man beachte, daß einige Nichtterminalsymbole im Diagramm nicht vorkommen, da sie in trivialer Weise in anderen Symbolen eingeschlossen sind. So sind z. B. *ArrayType* und *RecordType* nur in *type* enthalten und nicht explizit aufgeführt. Ferner sei daran erinnert, daß die Symbole *ident* und *integer* als terminal gelten, d. h. vom Scanner als ein Symbol erkannt werden.

Jede Schleife im Bezugsdiagramm entspricht einer Rekursion. Es ist daher unerläßlich, daß für die Programmierung eine Sprache zur Verfügung steht, die rekursive Aufrufe von Prozeduren zuläßt. Im weiteren zeigt das Bezugsdiagramm, auf welche Art die einzelnen Prozeduren lokal (verschachtelt) vereinbart werden können. Als einzige Struktur, auf die nie Bezug genommen wird, erscheint *Module*. Aus diesem Diagramm ergibt sich die Struktur des Parsers, wie er im Anhang in bereits erweiterter Form enthalten ist.

Der Parser wird ebenfalls als Modul formuliert. Der Befehl *Compile* setzt den Parsing-Prozeß durch Aufruf der Prozedur *Module* in Gang, die dem Startsymbol entspricht. Der zu zerlegende Quelltext tritt als Parameter auf. Nach den Konventionen des Oberon-Systems kann er auf folgende Arten spezifièrt werden, wobei der Quelltext auf verschiedene Arten ermittelt wird:

Parser.Compile *name*     der Quelltext ist die Datei *name*
Parser.Compile *          der Quelltext ist der Text im markierten Viewer
Parser.Compile @         der Anfang des Quelltextes ist die jüngste Textauswahl

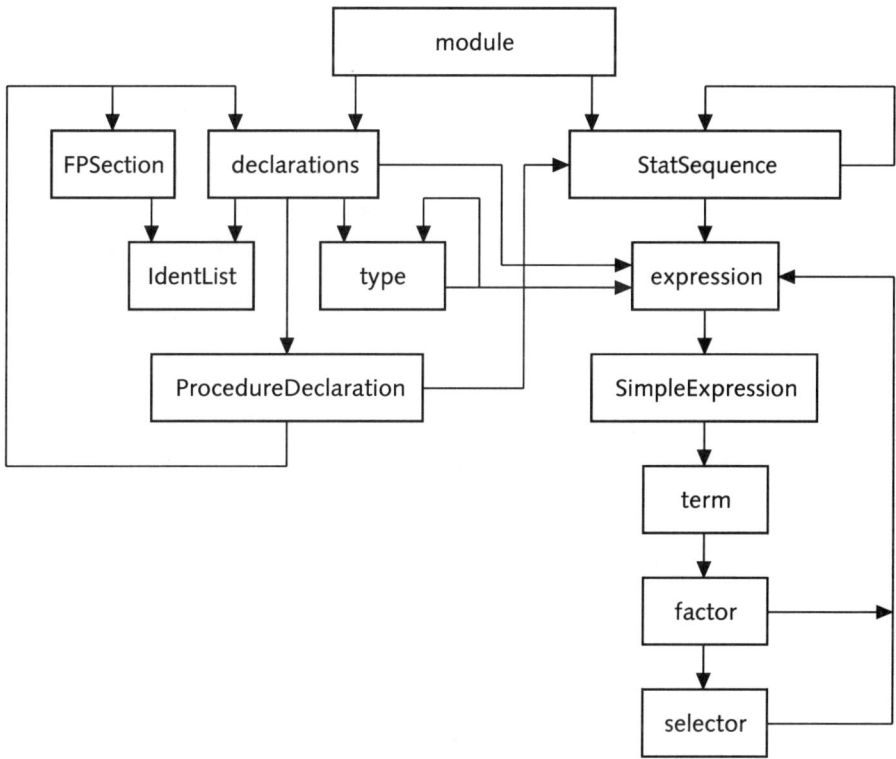

*Abb. 7.1: Bezugsdiagramm der Parser-Prozeduren*

## 7.3  Behandlung von syntaktischen Fehlern

Bisher hatten wir nur die bescheidene Aufgabe eines Parser behandelt, die darin besteht zu bestimmen, ob eine Folge von Symbolen einen syntaktisch korrekten Satz darstelle. Fast nebenbei entdeckt dabei der Parser die Struktur des gelesenen Textes. Sobald jedoch ein inkorrektes Symbol vorliegt, ist des Parsers Aufgabe erfüllt, und der Vorgang der Satzzerlegung kann abgebrochen werden. Für praktische Zwecke ist dieses Vorgehen natürlich unzweckmäßig. Vielmehr muß ein Compiler in dieser Lage eine entsprechende Fehleranzeige ausgeben und danach den Zerlegungsprozeß fortsetzen. Dabei ist es sogar wahrscheinlich, daß weitere Fehler entdeckt werden. Eine Fortsetzung des Prozesses ist aber nur möglich, wenn gewisse Annahmen oder Hypothesen über die Art des Fehlers gemacht werden. Je nach dieser Annahme muß ein gewisser Teil des Textes übersprungen oder eingefügt werden. Solche Annahmen sind notwendig, selbst wenn gar nie die Absicht gehegt wird, das fehlerhafte Programm zu korrigieren und auszuführen. Ohne eine einigermaßen zutreffende Hypothese ist eine Fortsetzung der Satzzerlegung schlechthin unmöglich [Gra75, ReMö85].

Die Technik der Wahl guter Hypothesen ist recht kompliziert. Sie beruht letztlich auf Heuristiken, da es kaum gelungen ist, das Problem befriedigend zu formalisieren. Der Hauptgrund dabei ist, daß die rein formale Syntax viele Faktoren außer acht läßt, die für die Erkennung eines Satzes durch den Menschen wichtig sind. So ist z. B. das Fehlen einer Interpunktion ein sehr häufiger Fehler, und zwar nicht nur in Programmiersprachen. Hingegen kommt es selten vor, daß in einem arithmetischen Ausdruck ein Pluszeichen verloren geht. Für den Parser sind jedoch sowohl Semikolon wie Pluszeichen Symbole ohne Klassenunterschied. Dem Programmierer aber erscheint das Semikolon als beinahe redundant, besonders am Zeilenende, während über die Wichtigkeit des Pluszeichens kein Zweifel besteht. Diese Art von Unterschied muß aber in Betracht gezogen werden, wenn ein System sich in Bezug auf Fehler »vernünftig« verhalten soll. Zusammenfassend postulieren wir folgende Qualitätskriterien für eine Strategie der Fehlerbehandlung:

1. Sie soll möglichst viele der vorhandenen Fehler in einem Durchlauf erkennen lassen.

2. Sie soll mit möglichst wenigen Zusatzangaben über die Syntax auskommen.

3. Sie soll die Analyse von fehlerfreien Texten nicht bremsen.

4. Sie soll den Parser nicht ungebührlich aufblähen.

Daraus geht hervor, daß die Fehlerbehandlung entscheidend von der konkreten Sprache abhängt und daher nur beschränkt durch allgemeingültige Regeln beschrieben werden kann. Dennoch gibt es einige heuristische Regeln, die über den unmittelbaren Bereich von Oberon hinaus Gültigkeit zu haben scheinen. Bezeichnenderweise betreffen sie den Entwurf der Sprache und deren Syntax ebensosehr wie die Technik der Fehlerbehandlung selbst. Vor allem steht es außer jedem Zweifel, daß eine einfache Sprachstruktur eine vernünftige Fehlerbehandlung entscheidend erleichtert oder sogar überhaupt erst ermöglicht.

Prinzipiell unterscheiden wir zwei Fälle von inkorrektem Text. Im ersten Fall *fehlen* Symbole. Er ist relativ leicht zu behandeln. Der Parser stellt das Fehlen fest und schreitet ohne Scanner-Aufruf weiter. Ein Beispiel dafür ist die Anweisung am Ende eines Faktors, wo eine abschließende rechte Klammer erwartet wird. Fehlt sie, so wird nach Ausgabe einer Fehleranzeige mit der Satzanalyse fortgefahren.

```
IF sym = rparen THEN Get(sym) ELSE Mark(" ) missing") END
```

Ausgelassen werden fast ausschließlich *schwache Symbole*, die lediglich syntaktischen Charakter haben, wie z. B. Komma, Semikolon und Abschlußsymbole.

Im zweiten Fall liegen falsche Symbole vor. Hier ist es nötig, diese zu ersetzen, wie z. B. im einfachen Fall der Verwendung eines Gleichheitszeichens anstelle des Zuweisungsoperators, oder diese zu überspringen und an einer späteren Stelle im Text wieder »aufzusetzen«. Um dieses Aufsetzen zu erleichtern, gibt es in Oberon einige Konstrukte, die mit ausgezeichneten Symbolen beginnen, welche selten falsch verwendet werden. So beginnt z. B. eine Vereinbarungsfolge stets mit den Symbolen CONST, TYPE, VAR oder PROCEDURE, und eine Anweisung beginnt mit IF, WHILE, REPEAT, CASE etc. Derartige Schlüsselsymbole werden daher nach einem Syntaxfehler nie übersprungen. Sie dienen gleichsam als *Synchronisationsstellen* im Text, wo der Analyseprozeß wieder aufgenommen wird. Wir verwenden in der Syntax von Oberon vier Synchronisationsstellen, nämlich *factor, statement, declarations* und *type*. Am Anfang der entsprechenden Parser-Prozeduren werden Symbole übersprungen, bis ein legales Anfangssymbol oder ein Fangsymbol vorliegt, das keinesfalls übersehen werden darf.

```
PROCEDURE factor;
BEGIN (*sync*)
  IF sym < lparen THEN Mark("ident?");
    REPEAT Get(sym) UNTIL sym >= lparen
  END ;
  ...
END factor;
PROCEDURE StatSequence;
BEGIN (*sync*)
  IF sym < ident THEN Mark("Statement?");
    REPEAT Get(sym) UNTIL sym >= ident
  END ;
  ...
END StatSequence;
PROCEDURE Type;
BEGIN (*sync*)
  IF (sym # ident) & (sym >= const) THEN Mark("type?");
    REPEAT Get(sym) UNTIL (sym = ident) OR (sym >= array)
  END ;
```

```
    ...
  END Type;

  PROCEDURE declarations;
  BEGIN (*sync*)
    IF sym < const THEN Mark("declaration?");
      REPEAT Get(sym) UNTIL sym >= const
    END ;
    ...
  END declarations;
```

Hier wird offenbar eine Ordnung unter den Symbolen vorausgesetzt. Diese wurde so gewählt, daß sich möglichst einfache Bedingungen für Bereiche von Symbolen ergeben. Starke Symbole, die selten oder nicht übersprungen werden, erhalten eine hohe Ordinalzahl (siehe Definition des Scanners).

Allgemein gilt, daß der Parser nach der üblichen Methode des rekursiven Abstiegs aus der Syntax hergeleitet wird. Wenn ein gelesenes Symbol nicht dem erwarteten entspricht, wird ein Fehler angezeigt (Aufruf von *Mark*), und die Analyse wird bis zur nächsten Synchronisationsstelle fortgesetzt. Dabei werden meistens weitere Fehler angezeigt, wobei die Anzeigen oft ignoriert werden dürfen, da sie sich als Folgen des ursprünglichen Fehlers erweisen. Die Anweisung, die sich für jede Synchronisationsstelle ergibt, läßt sich allgemeingültig wie folgt formulieren:

```
  IF ~(sym IN follow(SYNC)) THEN Mark(msg);
    REPEAT Get(sym) UNTIL sym IN follow(SYNC)
  END
```

wobei *follow(SYNC)* die Menge der Symbole bezeichnet, die an der betreffenden Synchronisationsstelle auftreten können.

In gewissen Fällen ist es vorteilhaft, von den rezeptmäßig hergeleiteten Strukturen sogar abzuweichen. Ein Beispiel dafür ist das Konstrukt der Anweisungsfolge (Stat-Sequence). Anstelle von

```
  Statement;
  WHILE sym = semicolon DO Get(sym); Statement END
```

verwenden wir die Formulierung

```
  LOOP (*sync*)
    IF sym < ident THEN Mark("ident?"); ... END ;
```

```
      Statement;
      IF sym = semicolon THEN Get(sym)
      ELSIF sym IN follow(StatSequence) THEN EXIT
      ELSE Mark("semicolon?")
      END
  END
```

Diese Formulierung ersetzt die beiden Aufrufe von *Statement* durch einen einzigen, wodurch sich sogar die Anweisungen direkt einsetzen lassen, ohne daß eine explizite Prozedur vereinbart wird. Den beiden Tests nach Statement entsprechen die legalen Fälle, in denen nach Einlesen des Semikolons die nächste Anweisung analysiert wird resp. welche die Anweisungsfolge beenden. Konkret verwenden wir anstelle von *sym IN follow(StatSequence)* den Boole'schen Ausdruck, der sich wiederum auf eine geeignete Symbolordnung abstützt:

```
      (sym >= semicolon) & (sym < if) OR (sym >= array)
```

Das obige Konstrukt ist ein Beispiel für den allgemeinen Fall, in dem eine Folge von gleichen Konstrukten (hier: statement), die leer sein können, durch ein Satzzeichen (hier Semikolon) getrennt sind. Einen zweiten, gleichartigen Fall finden wir in der Parameterliste eines Prozeduraufrufs. Die Anweisung

```
  IF sym = lparen THEN
      Get(sym); expression;
      WHILE sym = comma DO Get(sym); expression END ;
      IF sym = rparen THEN Get(sym) ELSE Mark(") ?") END
  END
```

wird ersetzt durch

```
  IF sym = lparen THEN Get(sym);
      LOOP expression;
        IF sym = comma THEN Get(sym)
        ELSIF (sym = rparen) OR (sym >= semicolon) THEN EXIT
        ELSE Mark(") or , ?")
        END
      END ;
      IF sym = rparen THEN Get(sym) ELSE Mark(") ?") END
  END
```

Einen weiteren Fall dieser Art bildet die Vereinbarungsfolge (*declarations*). Anstelle von

```
IF sym = const THEN ... END ;
IF sym = type THEN ... END ;
IF sym = var THEN ... END ;
```

verwenden wir die liberale Formulierung

```
LOOP
  IF sym = const THEN ... END ;
  IF sym = type THEN ... END ;
  IF sym = var THEN ... END ;
  IF (sym>=const) & (sym<=var) THEN Mark("bad declaration sequence")
  ELSE EXIT END
END
```

Der Sinn dieser Abweichung vom Schema liegt darin, daß Programme mit falscher Reihenfolge von Vereinbarungen (z. B. Variablen vor Konstanten) zwar eine Fehleranzeige erzeugen, jedoch alle falsch geordneten Teile in sich selber korrekt analysieren. Einen dritten ähnlichen Fall finden wir in *Type*. Ganz wesentlich ist bei der Einführung von derartigen zusätzlichen Repetitionsstrukturen (loops), daß sichergestellt wird, daß der Analyseprozeß nicht steckenbleiben kann. Am einfachsten geschieht dies mit der Feststellung, daß in jedem Fall beim Durchlauf mindestens ein Symbol gelesen wird, d. h., daß jeder Programmzweig mindestens eine *Get*-Anweisung enthält. Wir verweisen auf das vollständige Parser-Programm im Anhang.

Es dürfte aus den vorangegangenen Ausführungen ersichtlich sein, daß es keine perfekte Strategie der Fehlerbehandlung gibt, die alle korrekten Sätze mit hinreichender Effizienz übersetzt und alle inkorrekten Sätze vernünftig diagnostiziert. Jede Strategie wird gewisse abstruse Symbolfolgen in einer Weise behandeln, die ihrem Autor unerwartet erscheinen. Das wesentliche Merkmal eines guten Compilers jedoch ist, daß (1) keine Symbolfolge zum Zusammenbruch des Compilers führen kann und daß (2) häufige echte Fehler korrekt diagnostiziert werden und keine (oder wenige) zusätzliche, spätere Fehlermeldungen verursachen. Die hier vorgetragene Strategie arbeitet zufriedenstellend, obwohl es selbstverständlich Möglichkeiten zur Verbesserung gibt. Bemerkenswert ist an dieser Methode, daß der verbesserte Compiler systematisch durch Anwendung einiger weniger Heuristiken aus dem reinen Parser entwickelt werden kann. Diese Regeln werden lediglich durch geschickte Wahl einiger Parameter ergänzt, die auf Erfahrung im Gebrauch der Sprache beruht.

# 8 Einbezug von Kontext durch Deklarationen

## 8.1 Vereinbarungen

Obwohl Programmiersprachen auf einer kontextfreien Syntax im Sinne von Chomsky aufgebaut sind, so sind sie in einem allgemeineren Sinn doch kontextabhängig. Der hier angesprochene Kontextbezug besteht in der Tatsache, daß jeder Bezeichner vereinbart wird. In *Vereinbarungen* (Deklarationen) wird der Bezeichner einem Objekt zugeordnet, und zudem werden dem Objekt Attribute zugewiesen, wie z. B. ein Datentyp. Ein im Programmtext auftretender Bezeichner nimmt daher Bezug auf seine Vereinbarung, die *außerhalb des syntaktischen Konstrukts* liegt, in dem der Bezeichner auftritt. Wir sagen, seine Vereinbarung liege *im Kontext* des ihn enthaltenden Konstruktes.

Der Einbezug dieses Kontexts liegt also außerhalb der Syntaxanalyse (die kontextfrei ist). Dennoch ist er einfach zu bewerkstelligen. Der Kontext wird durch eine Datenstruktur verkörpert, die für jeden (vereinbarten) Bezeichner einen Eintrag enthält. Jeder Eintrag assoziiert einen Bezeichner mit dem bezeichneten Objekt, d. h. mit seinen Attributen. Die Datenstruktur heißt *Symbol-Tabelle*. Diese Bezeichnung geht auf die Zeit der Assembler zurück, wo Bezeichner Symbole genannt wurden. Auch ist die Tabelle meistens nicht eine lineare Struktur wie ein Array. *Bezeichner-Datei* wäre wohl ein geeigneterer Terminus.

Der Parser wird nun derart erweitert, daß beim Erkennen einer Vereinbarung die Tabelle in geeigneter Weise ergänzt wird, d. h. einen neuen Eintrag mit dem vereinbarten Bezeichner erhält. Wir halten allgemein fest:

1. Jede Vereinbarung (Deklaration) liefert einen Eintrag in der Tabelle.

2. Jedes Erkennen eines Bezeichners in Ausdrücken und Anweisungen erfordert ein Suchen nach seinem Eintrag, um die assoziierten Attribute zu ermitteln.

Ein typisches Attribut ist die *Objekt-Klasse*. Sie gibt an, ob der Bezeichner eine Konstante, eine Variable, einen Typ oder eine Prozedur benennt. In Oberon, und ganz allgemein in Sprachen mit Datentypen, ist der Typ des bezeichneten Objektes ein weiteres Attribut.

Die einfachste Strukturart zur Darstellung einer Menge ist die verkettete Liste. Ihr Nachteil ist ein relativ langsamer Suchprozeß, da die Kette jeweils von der Wurzel bis zum gesuchten Element durchlaufen werden muß. Der Einfachheit halber – Datenstrukturen sind hier nicht unser Thema – wählen wir folgende Datentypen, die Listenelemente darstellen:

```
Object = POINTER TO ObjDesc;
ObjDesc = RECORD
    name: Ident;
    class: INTEGER;
    type: Type;  (*s. später*)
    next: Object;
    val: LONGINT
END ;
```

So werden beispielsweise die Vereinbarungen

```
CONST N = 10;
TYPE T = ARRAY N OF INTEGER;
VAR x, y: T
```

durch die Listenstruktur von Abb. 8.1 dargestellt.

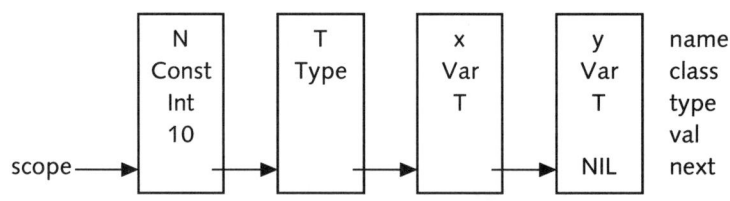

*Abb. 8.1: Darstellung von Objekten mit Namen und Attributen*

Zur Erzeugung eines neuen Eintrags führen wir die Prozedur *NewObj* mit dem expliziten Parameter *class*, dem impliziten Parameter *id* und dem Resultat *obj* ein. Sie prüft zuerst, ob der neue Bezeichner (id) nicht bereits eingetragen sei, weil dies einer Mehrfachdefinition gleichkommen und einen Programmierfehler darstellen würde.

Der neue Eintrag wird am Ende der Liste angehängt, damit die Ordnung der Liste die Ordnung im Programm widerspiegle. Am Ende der Liste verwenden wir als Wache das Element *guard,* dem der zu suchende Name vorgängig zugewiesen wird. Dies vereinfacht die Abschlußbedingung der WHILE-Anweisung.

```
PROCEDURE NewObj(VAR obj: Object; class: INTEGER);
   VAR new, x: Object;
BEGIN x := origin; guard.name := id;
   WHILE x.next.name # id DO x := x.next END ;
   IF x.next = guard THEN
      NEW(new); new.name := id; new.class := class; new.next := guard;
      x.next := new; obj := new
   ELSE obj := x.next; Mark("multiple declaration")
   END
END NewObj
```

Um den Suchprozeß zu beschleunigen, wird die Liste gerne durch eine Baumstruktur ersetzt. Deren Vorteil wird aber erst dann gewichtig, wenn eine größere Anzahl von Einträgen vorliegt. Die Erfahrung zeigt, daß bei strukturierten Sprachen mit lokalen, begrenzten Gültigkeitsbereichen diese Anzahl relativ klein bleibt, so daß sich die Baumstruktur kaum bezahlt macht. Der größere Aufwand liegt einerseits in leicht komplexeren Suchprozeduren und anderseits in der Notwendigkeit von drei anstelle eines einzigen Zeigers; die lineare Ordnung muß nämlich auf jeden Fall registriert werden, da sie z. B. bei Prozedur-Parametern signifikant ist.

## 8.2 Einträge von Datentypen

In einer Sprache mit Datentypen gehört die Konsistenzprüfung von Typen zu den wichtigen Aufgaben eines Compilers. Sie basiert auf dem Attribut *type* eines jeden Objekts. Da Datentypen ebenfalls deklarierbar sind, scheint ein Verweis auf das betreffende Objekt der Klasse *Type* zu genügen. Wir stellen jedoch fest, daß Typen auch implizit, ohne Namen vorkommen können, z. B. in einer Vereinbarung wie der folgenden:

VAR a: ARRAY 10 OF INTEGER

Der Typ der Variablen *a* bleibt hier *anonym.* Eine auf der Hand liegende Lösung ist die Einführung eines eigenen Datentyps im Compiler zur Darstellung von Typen an sich. Benannte Typen sind sodann durch ein Objekt der Klasse *Type* dargestellt, welches seinerseits einen Verweis auf ein Element des Typs *Type* enthält.

```
Type = POINTER TO TypDesc;
TypDesc = RECORD
    form, len: INTEGER;
    fields: Object;
    base: Type
END
```

Das Attribut *form* unterscheidet zwischen elementaren Typen (INTEGER, BOOLEAN) und strukturierten Typen (Array, Record). Weitere Attribute kommen je nach der vorliegenden Strukturform hinzu. Für Arrays sind die Länge (Anzahl Elemente) und der Elementtyp (base) charakteristisch. Für Records ist eine Liste von Feldern vorzusehen, die als benannte Objekte vorliegen (class = Field). Als Beispiel zeigt Abb. 8.2 die Datenstruktur, die die folgenden Vereinbarungen widerspiegelt:

```
TYPE R = RECORD f, g: INTEGER END ;
VAR x: INTEGER;
    a: ARRAY 10 OF INTEGER;
    r, s: R;
```

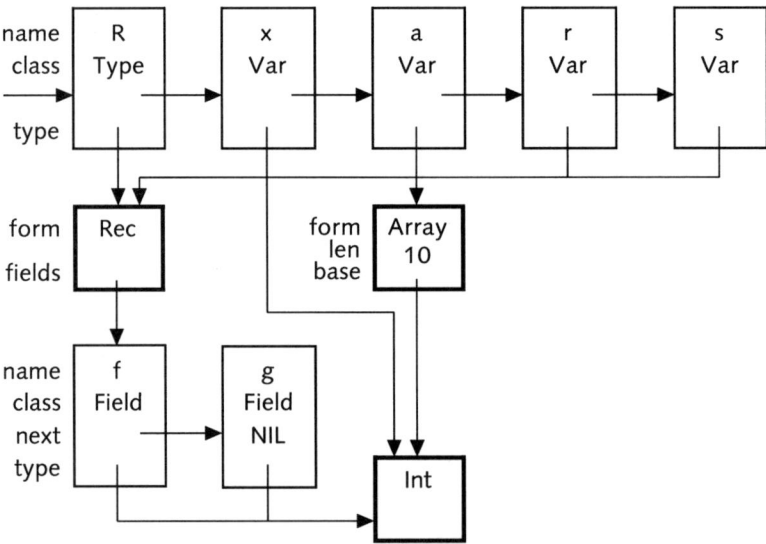

*Abb. 8.2: Darstellung von vereinbarten Objekten*

In programmiertechnischer Hinsicht könnte man für die verschiedenen Klassen von Objekten resp. die verschiedenen Formen von Typen erweiterte Datentypen (im Sinn der Typenerweiterung von Oberon) im Compiler einführen. Wir verzichten jedoch darauf, nicht zuletzt weil alle Erweiterungen im gleichen Modul vereinbart werden und die Verwendung eines Zahlenwertes statt eines Datentyps zahlreiche, letztlich redundante Type-Guards vermeidet (Effizienz). Und letztlich wollen wir auch einer vermeidbaren Proliferation von Typen Einhalt gebieten.

# 8.3 Datenrepräsentation

Bis anhin sind Aspekte der Zielmaschine, d. h. des Rechners, für den Programme kompiliert werden sollen, irrelevant geblieben, da es lediglich galt, Sätze der Quellsprache auf syntaktische Korrektheit hin zu prüfen. Sobald jedoch der Parser zum Übersetzer wird, ist die Kenntnis der Zielarchitektur notwendig.

Hier wird es nötig festzulegen, wie Daten (d. h. deklarierte Variablen) im Speicher darzustellen sind. Diese Wahl ist inhärent von der gewählten Zielarchitektur abhängig, obwohl diese Tatsache durch den Umstand abgeschwächt wird, daß in dieser Beziehung heute alle Zielmaschinen fast identisch sind. Damit meinen wir, daß Speicher stets eine Sequenz von Byte-Zellen sind, wobei jede Zelle individuell adressiert wird. Man nennt den Speicher byte-orientiert. Variablen, die aufeinanderfolgend deklariert sind, werden einfach sequentiell alloziert, d. h. mit auf- oder absteigenden Adressen versehen.

Jeder Rechner bietet gewisse *Datentypen* an, was bedeutet, daß er *Operationen* auf diesen Typen als Instruktionen anbietet (z. B. ganzzahlige Addition, Gleitkomma-Addition etc.). Die offerierten Typen sind stets skalare, elementare Typen, und sie belegen eine kleine Anzahl aufeinanderfolgender Speicherzellen (Bytes). Ein Beispiel mit reichhaltiger Auswahl an Datentypen ist die Prozessorfamilie NS32000 von National Semiconductor:

| Datentyp | Anzahl Bytes | | Datentyp | Anzahl Bytes |
|---|---|---|---|---|
| INTEGER | 2 | | LONGREAL | 8 |
| LONGINT | 4 | | CHAR | 1 |
| SHORTINT | 1 | | BOOLEAN | 1 |
| REAL | 4 | | SET | 4 |

Wir schließen aus dem Gesagten:

1. Jeder Typ hat eine Größe (Attribut *size*).

2. Jede Variable hat eine Adresse (Attribut *adr*).

Diese Attribute *type.size* und *obj.adr* werden bei der Bearbeitung von Deklarationen durch den Compiler bestimmt. Für elementare Typen sind deren Größen vorgegeben, und entsprechende Einträge werden für alle vordeklarierten Bezeichner bei der Compiler-Initialisierung erzeugt. Bei strukturierten Typen muß deren Größe berechnet werden.

Die Größe eines Arrays ist die Elementgröße multipliziert mit der Anzahl von Elementen. Die Adresse eines Elementes ist die Summe der Array-Adresse und des Elementindexes multipliziert mit der Elementgröße. Gegeben seien die Vereinbarungen:

> TYPE T = ARRAY n OF $T_0$
> VAR a: T

Dann ergeben sich Typgröße und Elementadresse aus den Gleichungen

$$size(T) \quad = n * size(T_0)$$
$$adr(a[x]) = adr(a) + x * size(T_0)$$

Für mehrdimensionale Arrays ergeben sich folgende Formeln (siehe Abb. 8.3):

> TYPE T $= $ ARRAY $n_{k-1}, \dots, n_1, n_0$ OF $T_0$

$$size(T) \quad = n_{k-1} * \dots * n_1 * n_0 * size(T_0)$$

$$
\begin{aligned}
adr(a[x_{k-1}, \dots, x_1, x_0]) &= adr(a) + x_{k-1} * n_{k-2} * \dots * n_0 * size(T_0) + \dots \\
&\quad + x_2 * n_1 * n_0 * size(T_0) + x_1 * n_0 * size(T_0) + x_0 * size(T_0) \\
&= adr(a) + (((\dots x_{k-1} * n_{k-2} + \dots + x_2) * n_1 + x_1) * n_0 + x_0) * size(T_0) \\
&\quad \text{(Horner Schema)}
\end{aligned}
$$

a: ARRAY 2 OF ARRAY 2 OF LONGINT

| | |
|---|---|
| a[0,0] | 0 |
| a[0,1] | 4 |
| a[1,0] | 8 |
| a[1,1] | 12 |

*Abb. 8.3: Speicherabbildung einer Matrix*

Man beachte, daß für die Größenberechnung die Dimensionen ($n_i$) bekannt sind, da sie im Programmtext als Konstanten auftreten, daß jedoch bei der Adreßberechnung die Indizes $x_i$ nicht bekannt sind und erst zur Zeit der Programmausführung berechnet werden.

Bei Record-Typen hingegen sind nicht nur die Elementgrößen, sondern stets auch die Offsets zur Zeit der Kompilierung bekannt. Gegeben die Vereinbarungen

TYPE T = RECORD $f_0$: $T_0$; $f_1$: $T_1$; ... ; $f_{k-1}$: $T_{k-1}$ END
VAR r: T

so berechnen sich Typgröße und Feldadresse nach den Gleichungen

$$\text{size}(T) = \text{size}(T_0) + ... + \text{size}(T_{k-1})$$
$$\text{adr}(r.f_i) = \text{adr}(r) + \text{offset}(f_i)$$
$$\text{offset}(f_i) = \text{size}(T_0) + ... + \text{size}(T_{i-1})$$

Absolute Adressen von Objekten sind zur Zeit der Kompilierung noch unbekannt. Daher sind alle zugeordneten Adressen als *relativ zu einer Basisadresse,* die erst zur Laufzeit feststeht, zu betrachten. Die effektive Adresse ist sodann die Summe aus dieser Basis und der vom Compiler berechneten Feldadresse.

Verwendet der Zielrechner Byte-Adressierung, so ist noch eine weitere Vorsichtsmaßnahme zu treffen. Denn obwohl auf jedes Byte individuell zugegriffen werden kann, werden zum oder vom Speicher üblicherweise Worte, d. h. Vielfache von Bytes übermittelt. Bei einer rein sequentiellen Adreßzuordnung wird es möglich, daß eine Variable auf zwei (oder gar mehrere) Worte aufgeteilt wird (siehe Abb. 8.4). Dies ist aber tunlichst zu vermeiden, damit der Variablenzugriff nicht mehrere Speicherzugriffe erfordert und damit die Effizienz leidet. Ein einfaches Rezept besteht darin, daß bei der Vergabe jede Adresse auf das nächste ganzzahlige Vielfache der Größe des Variablentyps aufgerundet wird. Man nennt dies Alinierung *(Alignment).* Dies gilt für elementare Typen. Bei Arrays ist der Elementtyp des Arrays maßgebend, und bei Records wird stets auf das Vielfache der Wortgröße aufgerundet. Ein Wort ist die Einheit, die in einem einzigen Speicherzugriff befördert wird. Der Preis für diese Alinierung ist der Verlust von einigen Bytes im Speicher, der allerdings vernachlässigbar ist.

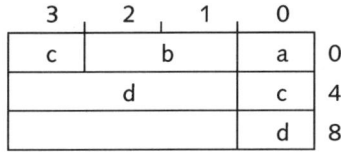

nicht aliniert

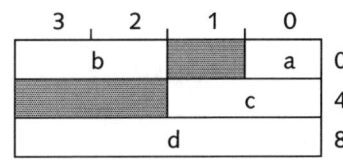

aliniert

*Abb. 8.4: Alinierung bei der Adreßberechnung*

Nachfolgend wird gezeigt, wie die Parser-Prozeduren für Deklarationen ergänzt werden, damit die geforderten Einträge in der Symboltabelle entstehen.

```
IF sym = type THEN   (* "TYPE" ident "=" type *)
  Get(sym);
  WHILE sym = ident DO
    NewObj(obj, Typ); Get(sym);
    IF sym = eql THEN Get(sym) ELSE Mark("= ?") END ;
    Type1(obj.type);
    IF sym = semicolon THEN Get(sym) ELSE Mark("; ?") END
    END
END ;

IF sym = var THEN  (* "VAR" ident {"," ident} ":" type *)
  Get(sym);
  WHILE sym = ident DO
    IdentList(Var, first); Type1(tp); obj := first;
    WHILE obj # guard DO
      obj.type := tp; INC(adr, obj.type.size); obj.val := -adr; obj := obj.next
    END ;
    IF sym = semicolon THEN Get(sym) ELSE Mark("; ?") END
  END
END ;
```

Dabei wird die Prozedur *IdentList* zur Abarbeitung einer Bezeichnerliste und die (rekursive) Prozedur *TypeDef* zur Bearbeitung einer Typenangabe verwendet.

```
PROCEDURE IdentList(class: INTEGER; VAR first: Object);
  VAR obj: Object;
BEGIN
  IF sym = ident THEN
    NewObj(first, class); Get(sym);
    WHILE sym = comma DO
      Get(sym);
      IF sym = ident THEN NewObj(obj, class); Get(sym) ELSE Mark("ident?") END
    END;
    IF sym = colon THEN Get(sym) ELSE Mark(":?") END
  END
END IdentList;

PROCEDURE Type1(VAR type: Type);
  VAR n: INTEGER;
    obj, first: Object; tp: Type;
BEGIN type := intType; (*sync*)
```

```
     IF (sym # ident) & (sym < array) THEN Mark("ident?");
        REPEAT Get(sym) UNTIL (sym = ident) OR (sym >= array)
     END ;
     IF sym = ident THEN
        find(obj); Get(sym);
        IF obj.class = Typ THEN type := obj.type ELSE Mark("type?") END
     ELSIF sym = array THEN
        Get(sym);
        IF sym = number THEN n := val; Get(sym) ELSE Mark("number?"); n := 1 END ;
        IF sym = of THEN Get(sym) ELSE Mark("OF?") END ;
        Type1(tp); NEW(type); type.form := Array; type.base := tp;
        type.len := n; type.size := type.len * tp.size
     ELSIF sym = record THEN
        Get(sym); NEW(type); type.form := Record; type.size := 0; OpenScope;
        LOOP
           IF sym = ident THEN
              IdentList(Fld, first); Type1(tp); obj := first;
              WHILE obj # guard DO
                 obj.type := tp; obj.val := type.size; INC(type.size, obj.type.size); obj := obj.next
              END
           END ;
           IF sym = semicolon THEN Get(sym)
           ELSIF sym = ident THEN Mark("; ?")
           ELSE EXIT
           END
        END ;
        type.fields := topScope.next; CloseScope;
        IF sym = end THEN Get(sym) ELSE Mark("END?") END
     ELSE Mark("ident?")
     END
  END Type1;
```

Die Adressen von Variablen und die Offsets von Recordfeldern werden offensichtlich so berechnet, daß die Variablen resp. Felder nebeneinander zu liegen kommen. Einer langen Tradition folgend, haben die Adressen von Variablen negative Werte; sie sind relativ zu einer Basisadresse zu verstehen. Die Hilfsprozeduren *OpenScope* und *CloseScope* sorgen dafür, daß die Kette von Recordfeldern nicht mit der Liste von Variablen vermischt wird, sondern einen eigenen Gültigkeitsbereich darstellt, wie dies von der Sprachdefinition von Oberon verlangt wird. (Man beachte, daß die Liste, in die neue Objekte eingefügt werden, durch die globale Variable *topScope* bezeichnet ist.)

# 9 Eine RISC-Architektur als Zielrechner

Es ist in der Tat bemerkenswert, daß ein Compiler bis zu diesem Grad ohne Kenntnis des Computers entwickelt werden konnte, für den er Code erzeugen soll. Aber aus welchem Grunde sollte die Struktur der Zielmaschine die Strategie der syntaktischen Analyse und der Fehlerbehandlung beeinflussen? Ganz im Gegenteil muß eine solche Beeinflussung sogar bewußt vermieden werden. Statt dessen wird eine geeignete Art der Codegenerierung für einen beliebigen Computer nach dem Prinzip des schrittweisen Ausbaus auf das bestehende Gerüst des Compilers superponiert. Bevor wir diesen Schritt in Angriff nehmen können, ist es allerdings nötig, daß wir uns auf eine Zielmaschine und damit einen Zielcode der Übersetzung festlegen.

Um den Compiler verhältnismäßig einfach gestalten zu können und die Entwicklung nicht mit unwichtigen Einzelheiten zu belasten, die lediglich durch spezielle Eigenschaften des gewählten Computers bedingt sind, postulieren wir einen Computer nach unserer eigenen Wahl. Daraus ergibt sich der beträchtliche Vorteil, daß er auf die Bedürfnisse der Quellsprache zugeschnitten werden kann. Dieser Computer existiert zwar nicht als reale Maschine; wir nennen ihn daher *virtuell*. Da jeder Computer jedoch stets Befehle nach einem bestimmten Rezept (Algorithmus) ausführt, läßt er sich als Programm spezifizieren. Ein realer Computer kann sodann benützt werden, um gemäß diesem Programm erzeugten Code zu interpretieren; daher wird das Programm ein *Interpreter* genannt. Der hypothetische Computer wird durch den Interpreter *emuliert*. Er besitzt daher zumindest eine semi-reale Existenz.

Es ist nicht das Ziel dieser Ausführungen, auf die Beweggründe einzugehen, die zur Wahl der nachfolgend beschriebenen Computerstruktur samt ihren Einzelheiten geführt haben. Vielmehr soll dieses Kapitel als eine Art beschreibendes Manual dienen, das aus einer informalen Einführung und einer formalen Definition des Computers durch das Interpreter-Programm besteht. Diese Formalisierung mag sogar als einfaches Beispiel für eine exakte algorithmische Beschreibung von Prozessoren aufgefaßt werden.

Bei der Definition des Rechners haben wir uns absichtlich stark an das Konzept der RISC-Architektur angelehnt. Die Abkürzung RISC steht für *reduced instruction set computer,* und das Prädikat »reduziert« gilt bezüglich der bis ca. 1980 dominanten Architekturen mit großen Sätzen von komplexen Instruktionen. Es ist hier nicht der Ort, um die Vorteile der RISC-Architektur zu erklären. Attraktiv ist sie hier besonders wegen der Einfachheit und Klarheit der Konzepte, welche die Beschreibung des Befehlssatzes und die Wahl von Instruktionsfolgen für bestimmte Sprachkonstrukte vereinfachen. Die hier gewählte Architektur ist fast identisch mit derjenigen von Hennessy und Patterson mit der Bezeichnung DLX [HePat92]. Die Abweichung erklärt sich aus unserem Wunsch nach Systematik. Unter den reellen Rechnern liegt die Struktur des MIPS-Rechners der nachfolgend postulierten am nächsten.

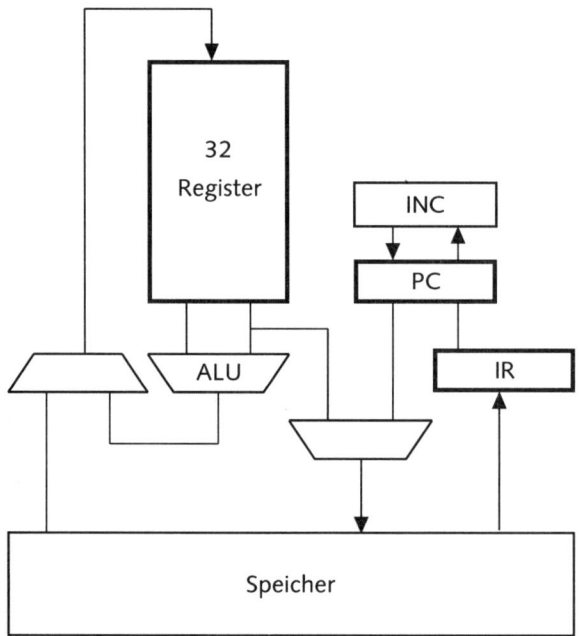

*Abb. 9.1: Vereinfachte Sicht der Rechnerstruktur*

## Ressourcen, Register

Der Rechner besteht in der Sicht des Programmierers und Compilerbauers aus einer Recheneinheit, einer Steuereinheit und einem Speicher. Die Recheneinheit enthält 32 Register R0 ... R31 zu je 32 Bit. R0 ist stets gleich 0. Die Steuereinheit besteht aus dem Instruktions-Register IR, das den Befehl enthält, der zur Zeit interpretiert wird, und dem Register PC (program counter), das die Speicheradresse der nächsten auszuführenden Instruktion enthält (siehe Abb. 9.1). Sprungbefehle zu Subroutinen benutzen implizit R31, um darin die Rücksprungadresse abzulegen (Link-Register). Der Speicher besteht aus 32-Bit-Wörtern und ist byte-adressiert, d.h., die Adressen der Wörter sind Vielfache von 4.

*Befehlsformate*

| | 6 | 5 | 5 | 16 |
|---|---|---|---|---|
| F1 | op | a | b | c |

| | 6 | 5 | 5 | 11 | 5 |
|---|---|---|---|---|---|
| F2 | op | a | b | | c |

| | 6 | 26 |
|---|---|---|
| F3 | op | c |

*Abb. 9.2: Befehlsformate*

---

*Registerbefehle*     *(Formate F1 und F2)*

---

| ADD | a, b, c | R.a := R.b + R.c | ADDI | a, b, d | R.a := R.b + c |
|---|---|---|---|---|---|
| SUB | a, b, c | R.a := R.b - R.c | SUBI | a, b, d | R.a := R.b - c |
| MUL | a, b, c | R.a := R.b * R.c | MULI | a, b, d | R.a := R.b * c |
| DIV | a, b, c | R.a := R.b DIV R.c | DIVI | a, b, d | R.a := R.b DIV c |
| MOD | a, b, c | R.a := R.b MOD R.c | MODI | a, b, d | R.a := R.b MOD c |
| CMP | a, b, c | R.a := R.b - R.c | CMPI | a, b, d | R.a := R.b - c |
| CHK | a, c | 0 <= R.a < R.c | CHKI | a, c | 0 <= R.a < c |
| AND | a, b, c | R.a := R.b & R.c | ANDI | a, b, d | R.a := R.b & c |
| BIC | a, b, c | R.a := R.b & ~R.c | BICI | a, b, d | R.a := R.b & ~c |
| OR | a, b, c | R.a := R.b OR R.c | ORI | a, b, d | R.a := R.b OR c |
| XOR | a, b, c | R.a := R.b XOR R.c | XORI | a, b, d | R.a := R.b XOR c |
| LSH | a, b, c | R.a := LSH(R.b, R.c) | LSHI | a, b, d | R.a := LSH(R.b, c) |
| ASH | a, b, c | R.a := ASH(R.b, R.c) | ASHI | a, b, d | R.a := ASH(R.b, c) |

---

Das 16-Bit-Konstantenfeld *d* wird mit »sign-extension« auf 32 Bit erweitert. Bei LSH (logical shift) und ASH (arithmetic shift) bedeutet ein positiver Zähler (*R.c* oder *c*) eine Verschiebung nach links, ein negativer Zähler eine Verschiebung nach rechts. Die SUB- und CMP-Instruktionen verhalten sich unterschiedlich, wenn die Differenz zwischen den Operanden zu groß ist (not $-2^{31} <= x - y < 2^{31}$). Dann zeigt SUB arithmetischen Überlauf an, während CMP ledigleich ein Resultat mit korrektem Vorzeichen liefert respektive 0 bei Gleichheit der Operanden.

---

| *Speicherbefehle* | *(Format F1)* | | |
|---|---|---|---|
| LDW | a, b, c | R.a := Mem[R.b + c] | load word |
| LDB | a, b, c | R.a := Mem[R.b + c] | load byte |
| POP | a, b, c | R.a := Mem[R.b]; R.b := R.b + c | pop stack |
| STW | a, b, c | Mem[R.b + c] := R.a | store word |
| STB | a, b, c | Mem[R.b + c] := R.a | store byte |
| PSH | a, b, c | R.b := R.b - c; Mem[R.b] := R.a | push stack |

---

| *Steuerbefehle* | *(Format F1, Adresse PC-relativ)* | |
|---|---|---|
| BEQ | a, c | Branch to c if R.a = 0 |
| BNE | a, c | Branch to c if R.a # 0 |
| BLT | a, c | Branch to c if R.a < 0 |
| BGE | a, c | Branch to c if R.a >= 0 |
| BGT | a, c | Branch to c if R.a > 0 |
| BLE | a, c | Branch to c if R.a <= 0 |
| BSR | c | Save RC in R.31, then branch to c (Format F1, Adresse PC-relativ) |
| JSR | c | Save PC in R.31, then jump to c (Format F3, Adresse absolut) |
| RET | c | Jump to address in R.c (Format F2, Adresse absolut) |

---

Der Rechner wird durch folgendes Interpretationsprogramm genauer spezifiziert. Man beachte, daß das Register PC Wortadressen (und nicht Byte-Adressen) enthält.

```
MODULE RISC;
  IMPORT SYSTEM, Texts;
  CONST MemSize* = 4096;  (*in bytes*)
    ADD = 0; SUB = 1; MUL = 2; Div = 3; Mod = 4; CMP = 5;
    Or = 8; AND = 9; BIC = 10; XOR = 11; SHL = 12; SHA = 13; CHK = 14;
    ADDI = 16; SUBI = 17; MULI = 18; DIVI = 19; MODI = 20; CMPI = 21;
    ORI = 24; ANDI = 25; BICI = 26; XORI = 27; SHLI = 28; SHAI = 29; CHKI = 30;
    LDW = 32; LDB = 33; POP = 34; STW = 36; STB = 37; PSH = 38;
    BEQ = 40; BNE = 41; BLT = 42; BGE = 43; BLE = 44; BGT = 45; BSR = 46;
    JSR = 48; RET = 49; RD = 50; WRD= 51; WRH = 52; WRL = 53;
```

```
VAR PC, IR: LONGINT;
  R*: ARRAY 32 OF LONGINT;
  M*: ARRAY MemSize DIV 4 OF LONGINT;
  W: Texts.Writer;

PROCEDURE Execute*(start: LONGINT; VAR in: Texts.Scanner; out: Texts.Text);
  VAR opc, a, b, c, nxt: LONGINT;
BEGIN R[31] := 0; PC := start DIV 4;
  LOOP R[0] := 0; nxt := PC + 1;
    IR := M[PC];
    opc := IR DIV 4000000H MOD 40H;
    a := IR DIV 200000H MOD 20H;
    b := IR DIV 10000H MOD 20H;
    c := IR MOD 10000H;
    IF opc < ADDI THEN c := R[c MOD 20H]
    ELSIF c >= 8000H THEN DEC(c, 10000H)  (*sign extension*)
    END ;
    CASE opc OF
      ADD, ADDI: R[a] := R[b] + c
    | SUB, SUBI, CMP, CMPI: R[a] := R[b] - c
    | MUL, MULI: R[a] := R[b] * c
    | Div, DIVI: R[a] := R[b] DIV c
    | Mod, MODI: R[a] := R[b] MOD c
    | Or,  ORI : R[a] := SYSTEM.VAL(LONGINT,
          SYSTEM.VAL(SET, R[b]) + SYSTEM.VAL(SET, c))
    | AND, ANDI: R[a] := SYSTEM.VAL(LONGINT,
          SYSTEM.VAL(SET, R[b]) * SYSTEM.VAL(SET, c))
    | BIC, BICI: R[a] := SYSTEM.VAL(LONGINT,
          SYSTEM.VAL(SET, R[b]) - SYSTEM.VAL(SET, c))
    | XOR, XORI: R[a] := SYSTEM.VAL(LONGINT,
          SYSTEM.VAL(SET, R[b]) / SYSTEM.VAL(SET, c))
    | SHL, SHLI: R[a] := SYSTEM.LSH(R[b], c)
    | SHA, SHAI: R[a] := ASH(R[b], c)
    | CHK, CHKI: IF (R[a] < 0) OR (R[a] >= c) THEN EXIT END

    | LDW: R[a] := M[(R[b] + c) DIV 4]
    | LDB: (*not implemented*)
    | POP: R[a] := M[(R[b]) DIV 4]; INC(R[b], c)
    | STW: M[(R[b] + c) DIV 4] := R[a]
    | STB: (*not implemented*)
    | PSH: DEC(R[b], c); M[(R[b]) DIV 4] := R[a]

    | BEQ: IF R[a] = 0 THEN nxt := PC + c END
    | BNE: IF R[a] # 0 THEN nxt := PC + c END
```

```
            |  BLT: IF R[a] < 0 THEN nxt := PC + c END
            |  BGE: IF R[a] >= 0 THEN nxt := PC + c END
            |  BLE: IF R[a] <= 0 THEN nxt := PC + c END
            |  BGT: IF R[a] > 0 THEN nxt := PC + c END
            |  BSR: nxt := PC + c; R[31] := (PC+1)*4
            |  JSR: nxt := IR MOD 4000000H; R[31] := (PC+1)*4
            |  RET: nxt := R[c MOD 20H] DIV 4;  IF nxt = 0 THEN EXIT END

            |  RD:  Texts.Scan(in); R[a] := in.i
            |  WRD: Texts.Write(W, " "); Texts.WriteInt(W, R[c], 1)
            |  WRH: Texts.WriteHex(W, R[c])
            |  WRL: Texts.WriteLn(W); Texts.Append(out, W.buf)
            END ;
            PC := nxt
        END
      END Execute;

    BEGIN Texts.OpenWriter(W)
    END RISC.
```

*Anmerkungen*:

1. Die Befehle RD, WRD, WRH, WRL sind keine typischen Rechnerbefehle. Sie wurden hier hinzugefügt, um eine primitive Möglichkeit für Ein- und Ausgabe zu schaffen. Kompilierte und vom obigen Programm interpretierte Tests erhalten damit einen gewissen Realitätsbezug.

2. Die Befehle LDB und STB laden resp. speichern ein einzelnes Byte. Ohne diese Befehle wäre es sinnlos, von einem byte-adressierten Speicher zu sprechen. Ihre Beschreibungen durch interpretative Programme widerspiegeln jedoch den eigentlichen Sachverhalt in der Hardware nur schlecht.

3. Die Befehle PSH und POP verhalten sich wie STW und LDW, wobei der Wert des Basisadreß-Registers *R.b* um den Betrag *c* erhöht resp. reduziert wird. Sie dienen der Übergabe von Prozedurparametern (siehe Kap. 12).

4. Die Befehle CHK und CHKI dienen der Prüfung von Indexgrenzen und erzeugen einen Trap, falls der Index außerhalb der Grenzen liegt.

# 10 Ausdrücke und Zuweisungen

## 10.1 Direkte Codeerzeugung nach dem Stack-Prinzip

Wie ein arithmetischer Ausdruck von der üblichen Infix-Notation in seine äquivalente Postfix-Notation übersetzt wird, wurde bereits im dritten Beispiel in Kapitel 5 gezeigt. Unser idealer Computer ist also einer, der Postfix-Notation direkt interpretieren kann. Wie ebenfalls bereits gezeigt, ist dazu ein Kellerspeicher (Stack) für die Zwischenresultate notwendig. Man nennt eine Rechnerstruktur mit Kellerspeicher eine *Stack-Architektur*.

Rechner mit Stack-Architektur haben sich in der Praxis jedoch nicht durchgesetzt. Dem Stack wurden Arrays von Registern vorgezogen, wo auf jedes Register mittels Index individuell zugegriffen werden kann. Natürlich läßt sich damit ein Stack leicht emulieren. Der Index des obersten Elementes im Stack wird durch eine globale Variable SP im Compiler verkörpert, was gerechtfertigt ist, da der Kellerspeicher schließlich eine globale Ressource darstellt.

Um das Programm zur Codeerzeugung für ein bestimmtes Konstrukt herzuleiten, postulieren wir vorerst das gewünschte Codemuster. Dieses Vorgehen wird sich später außer für die Zuweisung auch für andere Konstrukte bewähren. Die zu übersetzenden Konstrukte K sowie der jeweils entsprechende Code seien:

| K | code(K) | Nebeneffekt |
|---|---------|-------------|
| ident | LDW i, 0, adr(ident) | INC(SP) |
| number | ADDI i, 0, value | INC(SP) |
| ( exp ) | code(exp) | |

| $K$ | code(K) | Nebeneffekt |
|---|---|---|
| $fac_0 * fac_1$ | code($fac_0$)<br>code($fac_1$)<br>MUL i, i, i+1 | DEC(SP) |
| $term_0 + term_1$ | code($term_0$)<br>code($term_1$)<br>ADD i, i, i+1 | DEC(SP) |
| ident := exp | code(exp)<br>STW i, adr(ident) | DEC(SP) |

Wir beschränken uns vorerst auf einfache Variablen und verzichten auf Selektoren für strukturierte Variablen. Als Beispiel wird die Anweisung $u := x + y * z$ in folgende Befehlsfolge übersetzt:

| LDW | R1, x | R1 := x | x |
|---|---|---|---|
| LDW | R2, y | R2 := y | x, y |
| LDW | R3, z | R3 := z | x, y, z |
| MUL | R2, R2, R3 | R2 := R2 * R3 | x, y * z |
| ADD | R1, R1, R2 | R1 := R1 + R2 | x + y * z |
| STW | R1, u | u := R1 | - |

Daraus ist ersichtlich, wie die entsprechenden Parser-Prozeduren zur Codeerzeugung erweitert werden:

```
PROCEDURE factor;
  VAR obj: Object;
BEGIN
  IF sym = ident THEN find(obj); Get(sym); INC(RX); Put(LDW, RX, 0, -obj.val)
  ELSIF sym = number THEN INC(RX); Put(ADDI, RX, 0, val); Get(sym)
  ELSIF sym = lparen THEN
    Get(sym); expression;
    IF sym = rparen THEN Get(sym) ELSE Mark(" ) missing") END
  ELSIF ...
  END
END factor;
```

```
PROCEDURE term;
  VAR op: INTEGER;
BEGIN factor;
  WHILE (sym = times) OR (sym = div) DO
    op := sym; Get(sym); factor; DEC(RX);
    IF op = times THEN Put(MUL, RX, RX, RX+1)
    ELSIF op = div THEN Put(DIV, RX, RX, RX+1)
    END
  END
END term;

PROCEDURE SimpleExpression;
  VAR op: INTEGER;
BEGIN
  IF sym = plus THEN Get(sym); term
  ELSIF sym = minus THEN Get(sym); term; Put(SUB, RX, 0, RX)
  ELSE term
  END ;
  WHILE (sym = plus) OR (sym = minus) DO
    op := sym; Get(sym); term; DEC(RX);
    IF op = plus THEN Put(ADD, RX, RX, RX+1)
    ELSIF op = minus THEN Put(SUB, RX, RX, RX+1)
    END
  END
END SimpleExpression;

PROCEDURE Statement;
  VAR obj: Object;
BEGIN
  IF sym = ident THEN
    find(obj); Get(sym);
    IF sym = becomes THEN Get(sym); expression; Put(STW, RX, 0, obj.val); DEC(RX)
    ELSIF ...
    END
  ELSIF ...
  END
END Statement;
```

Symmetrisch zur Scanner-Prozedur *Get* wird hier die Generator-Prozedur *Put* einge-führt. Wir gehen von der Annahme aus, daß der Code in einer Array-Variablen abgespeichert werde. Wenn *pc* die globale Variable ist, die den fortlaufenden Index des Code-Arrays darstellt, so lautet die einfachste Formulierung von *Put* wie folgt (LSH(x, n) bedeutet x, um n Binärstellen verschoben):

```
PROCEDURE Put(op, a, b, d: INTEGER);
BEGIN
  code[pc] := LSH(LSH(LSH(op, 5) + a, 5) + b, 16) + (d MOD 10000H); INC(pc)
END Put
```

Adressen von Variablen wurden hier einfach durch deren Bezeichner angedeutet. In Realität stehen anstelle der Bezeichner die in der Symboltabelle eingetragenen Werte, die als Offsets zu einer unbekannten Basisadresse zu betrachten sind. Die endgültige Berechnung der absoluten Adresse erfolgt erst zur Ladezeit als Summe eines Registerwertes und dieses Offsets. Dies gilt nicht nur für unseren RISC, sondern für praktisch alle gängigen Rechnertypen. Wir tragen diesem Umstand Rechnung, indem Adressen stets als aus zwei Summanden bestehend betrachtet werden, die durch die Felder $a$ (offset) und $r$ (register) des Datentyps *Item* dargestellt sind. Vorläufig nehmen wir stets $r = 0$ an, so daß die effektive Adresse $R[0] + a = a$ ist.

## 10.2  Verzögerte Codeerzeugung

Betrachten wir als zweites Beispiel den Ausdruck $x + 1$, so erhalten wir den entsprechenden Code

```
LDW    1, 0, x            R1 := x
ADDI   2, 0, 1            R2 := 1
ADD    1, 1, 2            R1 := R1 + R2
```

Offensichtlich existiert dafür eine kürzere und damit effizientere, bevorzugte Befehlsfolge:

```
LDW    1, 0, x            R1 := x
ADDI   1, 1, 1            R1 := R1 + 1
```

Damit steht fest, daß die präsentierte einfache Codegenerierung zwar korrekten, aber nicht optimalen Code erzeugt. Das Problem besteht hier darin, daß die Konstante in ein Register geladen wird, obwohl dies nicht nötig wäre, da der Rechner Befehle zur Verfügung stellt, die Konstanten *direkt* zu Registerwerten addieren lassen. Es wird voreilig Code ausgegeben. Die Abhilfe muß daher zwangsläufig aus einer Verzögerung der Codeausgabe bestehen, und zwar bis zu dem Zeitpunkt, wo bekannt ist, daß es keine bessere Lösung gibt. Wie wird eine derartige *verzögerte Codegenerierung* bewerkstelligt?

Ganz generell besteht das Vorgehen darin, die Information, die durch die Ausgabe von Code abgegeben worden wäre, dem verarbeiteten Konstrukt beizufügen. Damit kommt das Prinzip der attribuierten Syntax wieder ins Spiel (siehe Kap. 5). Die Code-ausgabe hängt dann im allgemeinen nicht nur von den syntaktisch zu reduzierenden Symbolen ab, sondern auch von deren Attributen. Faktisch äußert sich diese Erweiterung in einem Parameter der Parser-Prozeduren, der die Attribute verkörpert. Da es sich meistens um zusammengesetzte Werte handelt, wird eine Record-Struktur gewählt; wir nennen den Parametertyp *Item* [siehe auch WiGu92, Kap. 12].

Im vorliegenden Fall ist es notwendig anzugeben, ob der Wert eines Faktors, Terms oder Ausdrucks in einem Register abgelegt ist, wie dies bisher immer zutraf, oder ob es sich um eine Konstante, also einen bekannten Wert handelt. Im letzteren Fall wird dieser Wert wahrscheinlich zu einer Instruktion mit »immediate mode« führen. Es wird jetzt klar, daß das Attribut einen Modus angeben muß, in dem sich der Faktor, Term oder Ausdruck befindet, d.h., wie er gespeichert und zugreifbar ist. Das Attribut *mode* entspricht offensichtlich dem bekannten Adressiermodus von Rechnerbefehlen, und sein Wertebereich hängt von den Adressiermodi ab, die der Zielrechner anbietet. Für jede Adressierungsart des Prozessors gibt es einen Item-Modus. Ferner gibt es für jede Objektklasse einen Modus. Zum Teil überdecken sich die Modi. In diesen Fällen wird ein Wert nur einmal vergeben. Beim vorliegenden Rechner gibt es drei Modi:

| *Item-Modus* | *Objektklasse* | *Adressierungsmodus* | *zusätzliche Attribute* | |
|---|---|---|---|---|
| *Var* | *Var* | direct | *a* | Wert liegt im Speicher an Adresse *a* |
| *Const* | *Const* | immediate | *a* | Wert ist Konstante *a* |
| *Reg* | - | register | *r* | Wert liegt im Register R[*r*] |

Damit ergibt sich der Datentyp *Item* als Record mit den Feldern *mode, type, a* und *r*. Hinzu kommt die Angabe des Datentyps des betreffenden Konstrukts. Er wird in den folgenden Erläuterungen nicht erwähnt, weil wir stets denselben Typ (Integer) annehmen. Die Parser-Prozeduren stellen somit eigentliche Funktionen vom Typ *Item* dar. Aus programmiertechnischer Sicht erscheint es jedoch vorteilhaft, anstelle von Funktionen Prozeduren mit einem VAR-Parameter zu verwenden.

```
Item = RECORD
    mode: INTEGER; type: Type;
    a, r: LONGINT;
END
```

Als Beispiel diene die Erzeugung von Code und Items für den Ausdruck $x+1$. Der Ablauf ist in Abb. 10.1 gezeigt. Die Umwandlung eines Var-Items in ein Reg-Item wird durch die Ausgabe einer LDW-Instruktion begleitet; die Umwandlung eines Reg- und eines Const-Items bewirkt die Ausgabe einer ADDI-Instruktion.

Wir weisen auf die Ähnlichkeit der Typen *Item* und *Object* hin, denn beide beschreiben Objekte. Während jedoch *Objects* deklarierte Objekte darstellen, deren Gültigkeitsbereich über das Konstrukt der Deklaration hinausreicht, sind *Items* stets an das Konstrukt gebunden, das sie beschreiben. Es ist daher dringend ratsam, *Items* nicht dynamisch zu allozieren, sondern als lokale Variablen und Parameter zu vereinbaren.

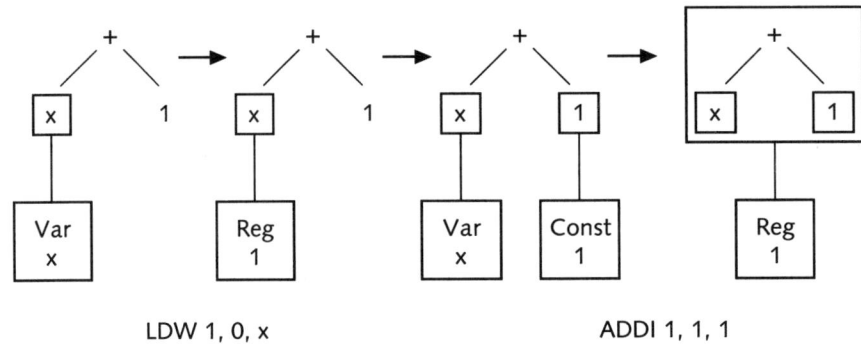

*Abb. 10.1: Erzeugung von Items und Instruktionen für den Ausdruck x+1*

```
PROCEDURE factor(VAR x: Item);
BEGIN
    IF sym = ident THEN find(obj); Get(sym); x.mode := obj.class; x.a := obj.adr; x.r := 0
    ELSIF sym = number THEN x.mode := Const; x.a := val; Get(sym)
    ELSIF sym = lparen THEN
        Get(sym); expression(x);
        IF sym = rparen THEN Get(sym) ELSE Mark(" ) missing") END
    ELSIF ...
    END
END factor;

PROCEDURE term(VAR x: Item);
    VAR y: Item; op: INTEGER;
BEGIN factor(x);
    WHILE (sym = times) OR (sym = div) DO
        op := sym; Get(sym); factor(y); Op2(op, x, y)
    END
END term;
```

```
PROCEDURE SimpleExpression(VAR x: Item);
  VAR y: Item; op: INTEGER;
BEGIN
  IF sym = plus THEN Get(sym); term(x)
  ELSIF sym = minus THEN Get(sym); term(x); Op1(minus, x)
  ELSE term(x)
  END ;
  WHILE (sym = plus) OR (sym = minus) DO
    op := sym; Get(sym); term(y); Op2(op, x, y)
  END
END SimpleExpression;

PROCEDURE Statement;
  VAR obj: Object; x, y: Item;
BEGIN
  IF sym = ident THEN
    find(obj); Get(sym); x.mode := obj.class; x.a := obj.adr; x.r := 0;
    IF sym = becomes THEN
      Get(sym); expression(y);
      IF y.mode # Reg THEN load(y) END ;
      Put(STW, y.r, 0, x.a)
    ELSIF ...
    END
  ELSIF ...
  END
END Statement;
```

Die Code erzeugenden Anweisungen sind jetzt als Prozeduren *Op1* und *Op2* zusammengefaßt. Dabei wird das Prinzip der verzögerten Codeausgabe auch dazu benutzt, arithmetische Operationen gar nicht auszugeben, sondern direkt auszuführen, wenn beide Operanden Konstanten sind. Dieses sinnvolle Vorziehen der Auswertung in die Kompilierung wird auch »*constant folding*« genannt.

```
PROCEDURE Op1(op: INTEGER; VAR x: Item);   (* x := op x *)
  VAR t: LONGINT;
BEGIN
  IF op = minus THEN
    IF x.mode = Const THEN x.a := -x.a
    ELSE
      IF x.mode = Var THEN load(x) END ;
      Put(SUB, x.r, 0, x.r)
    END
    ...
```

```
    END
  END Op1;

  PROCEDURE Op2(op: INTEGER; VAR x, y: Item);   (* x := x op y *)
  BEGIN
    IF (x.mode = Const) & (y.mode = Const) THEN
      IF op = plus THEN x.a := x.a + y.a
      ELSIF op = minus THEN x.a := x.a - y.a
      ...
      END
    ELSE
      IF op = plus THEN PutOp(ADD, x, y)
      ELSIF op = minus THEN PutOp(SUB, x, y)
      ...
      END
    END
  END Op2;

  PROCEDURE PutOp(cd: LONGINT; VAR x, y: Item);
    VAR r: LONGINT;
  BEGIN
    IF x.mode # Reg THEN load(x) END ;
    IF x.r = 0 THEN GetReg(x.r); r := 0 ELSE r := x.r END ;
    IF y.mode = Const THEN Put(cd+16, r, x.r, y.a)
    ELSE
      IF y.mode # Reg THEN load(y) END ;
      Put(cd, x.r, r, y.r); EXCL(regs, y.r)
    END
  END PutOp;

  PROCEDURE load(VAR x: Item);
  BEGIN (*x.mode # Reg*)
    IF x.mode = Var THEN GetReg(x.r); Put(LDW, x.r, 0, x.a)
    ELSIF x.mode = Const THEN
      IF x.a = 0 THEN x.r := 0 ELSE GetReg(x.r); Put(ADDI, x.r, 0, x.a) END
    END ;
    x.mode := Reg
  END load;
```

Bei der Auswertung von arithmetischen Ausdrücken besteht inhärent die Gefahr von arithmetischem Überlauf. Die Auswertungsanweisungen sollten daher mit einem entsprechenden Guard geschützt werden. Im Fall der Addition wird dies wie folgt formuliert:

```
IF x.a >= 0 THEN
    IF y.a <= MAX(INTEGER) - x.a THEN x.a := x.a + y.a ELSE Mark("overflow") END
ELSE
    IF y.a >= MIN(INTEGER) - x.a THEN x.a := x.a + y.a ELSE Mark("underflow") END
END
```

Das Wesentliche an der Methode der verzögerten Codeausgabe liegt darin, daß diese erst erfolgt, wenn feststeht, daß keine andere Lösung besser ist, d.h., daß z.B. ein Operand erst in ein Register geladen wird, wenn dies als unumgänglich feststeht.

Wir haben uns auch von der rigiden Registervergabe nach dem Stack-Prinzip gelöst, was unter Umständen, auf die erst später eingegangen werden soll, vorteilhaft ist. Die Prozedur *GetReg* liefert und reserviert ein noch freies Register. Die Menge der vergebenen Register wird zweckmäßig in der globalen Variablen *regs* festgehalten. Selbstverständlich ist darauf zu achten, daß Register zur rechten Zeit auch wieder freigegeben werden.

```
PROCEDURE GetReg(VAR r: LONGINT);
    VAR i: INTEGER;
BEGIN i := 1;
    WHILE (i < 32) & (i IN regs) DO INC(i) END ;
    INCL(regs, i); r := i
END GetReg;
```

Das Prinzip der verzögerten Codeausgabe bewährt sich in vielen anderen Fällen ebenfalls. Es kann insbesondere nicht mehr darauf verzichtet werden, sobald Rechner mit komplexen Adressiermodi in Betracht gezogen werden und einigermaßen effizienter Code erzeugt werden soll, der von den verschiedenen Modi auch Gebrauch macht. Als Beispiel betrachten wir die Codeausgabe für einen CISC-Rechner, der typischerweise Befehle mit zwei Operanden anbietet, wobei einer davon sowohl ein Argument als auch das Resultat spezifiziert. Wir wählen das bereits verwendete Beispiel $u := x + y * z$ und zeigen die entsprechende Befehlsfolge:

| | | |
|---|---|---|
| MOV | y, R1 | R1 := y |
| MUL | z, R1 | R1 := R1 * z |
| ADD | x, R1 | R1 := R1 + x |
| MOV | R1, u | u := R1 |

Diese Folge wird erzielt, indem Variablenwerte erst in ein Register geladen werden, wenn sie mit einem zweiten Operanden verknüpt werden. Weil dabei ihr alter Wert durch den neuen ersetzt wird, kann die Operation nicht am Originalort vorgenommen werden, sondern nur in einem Zwischenspeicher, für welchen mit Vorzug ein Register eingesetzt wird. Durch die verzögerte Ausgabe wird auch erreicht, daß z. B. die einfache Zuweisung *x := y* nicht über ein Register, sondern direkt erfolgt, was sowohl die Effizienz erhöht als auch die Anzahl der Befehle reduziert:

```
MOV    y, x                    x := y
```

# 10.3 Indizierte Variablen und Record-Felder

Wir haben uns bisher auf einfache Variablen in Ausdrücken und Zuweisungen beschränkt. Der Zugriff auf Elemente von strukturierten Variablen erfordert die Auswahl eines betreffenden Elements mittels Index oder Feldbezeichner. Syntaktisch folgt dem Variablenbezeichner ein Selektor. Dies erfordert den Aufruf der Parser-Prozedur *selector* sowohl in *factor* wie auch in *statement*:

```
find(obj); Get(sym); x.mode := obj.class; x.a := obj.adr; x.r := 0; selector(x)
```

Die Prozedur *Selector* verarbeitet nicht nur einen, sondern unter Umständen eine Sequenz von Selektoren. Sie lautet wie folgt, wobei jetzt offensichtlich wird, daß auch das Typenattribut des Operanden x relevant wird.

```
PROCEDURE selector(VAR x: Item);
  VAR y: Item; obj: Object;
BEGIN
  WHILE (sym = lbrak) OR (sym = period) DO
    IF sym = lbrak THEN
      Get(sym); expression(y);
      IF x.type.form = Array THEN Index(x, y) ELSE Mark("not an array") END ;
      IF sym = rbrak THEN Get(sym) ELSE Mark("]?") END
    ELSE Get(sym);
      IF sym = ident THEN
        IF x.type.form = Record THEN
          FindField(obj, x.type.fields); Get(sym);
          IF obj # guard THEN Field(x, obj) ELSE Mark("undef") END
        ELSE Mark("not a record")
        END
      ELSE Mark("ident?")
```

```
        END
      END
    END
  END selector;
```

Die Adresse des ausgewählten Elements ergibt sich aus den Überlegungen in Abschnitt 8.3. Im Fall eines Feldbezeichners wird die Adreßberechnung durch den Compiler vorgenommen. Die Feldadresse ist die Summe der Variablenadresse und des Feld-Offsets.

```
PROCEDURE Field*(VAR x: Item; y: Object);   (* x := x.y *)
BEGIN INC(x.a, y.val); x.type := y.type
END Field;
```

Im Fall einer indizierten Variablen wird Code ausgegeben, und zwar entsprechend der Formel

$$adr(a[k]) = adr(a) + k * size(T)$$

wobei *a* die Arrayvariable ist, *k* der Index und *T* der Elementtyp. Dies erfordert zwei Befehle; der skalierte Index wird zur Register-Komponenten der Adresse addiert. Der Indexwert *k* liege im Register $Rj$, und die Arrayvariable *a* habe die Adresse $Ri$.

```
MULI    j, j, size(T)
ADD     i, i, j
```

Die zugehörige Prozedur *Index* prüft neben der Codeausgabe, ob die indizierte Variable ein Array und der Index vom Typ INTEGER sei, und sie berechnet die Adresse direkt, sofern der Index eine Kon- stante ist.

```
PROCEDURE Index*(VAR x, y: Item);   (* x := x[y] *)
  VAR z: Item;
BEGIN
  IF y.type # intType THEN Mark("index not integer")
  END ;
  IF y.mode = Const THEN
    IF (y.a < 0) OR (y.a >= x.type.len) THEN Mark("index out of range") END ;
    x.a := x.a + y.a * x.type.base.size
  ELSE
    IF y.mode # Reg THEN load(y) END ;
    Put(MULI, y.r, y.r, x.type.base.size);
```

```
     Put(ADD, y.r, x.r, y.r); EXCL(regs, x.r); x.r := y.r
  END;
  x.type := x.type.base
END Index;
```

Nachfolgend zeigen wir den resultierenden Code für das folgende Programm mit je einem ein- und einem zweidimensionalen Array:

```
MODULE T1;
  VAR i, j: INTEGER;                                adr -4, -8
     a: ARRAY 4 OF INTEGER;                         adr -24
     b: ARRAY 3 OF ARRAY 5 OF INTEGER;              adr -84
BEGIN i := a[j]; i := a[2]; i := a[i + j]; i := b[i][j]; i := b[2][4]
END T1.
```

```
LDW      1, 0, -8        i := a[j]
MULI     1, 1, 4
LDW      2, 1, -24       a
STW      2, 0, -4        i

LDW      1, 0, -16       i := a[2]
STW      1, 0, -4

LDW      1, 0, -4        i := a[i + j];
LDW      2, 0, -8
ADD      1, 1, 2         i + j
MULI     1, 1, 4
LDW      2, 1, -24
STW      2, 0, -4        i

LDW      1, 0, -4        i := b[i][j]
MULI     1, 1, 20
LDW      2, 0, -8        j
MULI     2, 2, 4
ADD      2, 1, 2
LDW      1, 2, -84       b
STW      1, 0, -4        i

LDW      1, 0, -28       i := b[2][4]
STW      1, 0, -4
```

Hier fällt auf, daß die Prüfung des Indexwertes auf seine Gültigkeit nur stattfindet, wenn der Index eine Konstante ist. Trifft dies nicht zu, so kann der Test erst zur Laufzeit erfolgen. Obwohl in korrekten Programmen dieser Test redundant ist, empfiehlt sich sein Weglassen meistens nicht. Um die Abstraktion des Arrays mit festem Indexbereich zu schützen, ist er jedenfalls gerechtfertigt. Der Compilerbauer ist hier jedoch besonders dazu angehalten, höchste Effizienz, d.h. minimalen Aufwand zu gewährleisten. Ist $k$ der Index und $n$ die Arraylänge, so lautet der Test

IF (k < 0) OR (k >= n) THEN HALT END

Für unseren Rechner postulieren wir einen entsprechenden Befehl. In anderen Fällen ist eine adäquate Codefolge zu definieren, wobei folgender Umstand zu berücksichtigen ist: Da die untere Indexgrenze stets 0 ist, genügt ein einziger Vergleich, sofern der Indexwert als vorzeichenlose Größe interpretiert wird. Dies ist deshalb möglich, weil negative Indexwerte in Komplement-Darstellung als große, positive Werte in vorzeichenloser Darstellung auftreten und daher sicher als über der oberen Indexgrenze liegend betrachtet werden.

Die Prozedur Index wird dementsprechend ergänzt mit der Ausgabe eines CHK-Befehls, der zum Abbruch des Prozesses führt, falls die obige Bedingung erfüllt ist.

```
IF y.mode # Reg THEN load(y) END ;
Put(CHKI, y.r, 0, x.type.base.len);
Put(MULI, y.r, y.r, x.type.base.size);
```

Zum Abschluß folgt ein Beispiel mit geschachtelten Strukturen. Es zeigt deutlich, wie der Einbezug von Konstanten in der Adreßberechnung den erzeugten Code vereinfacht. Man vergleiche dazu den Code für Variablen, die mit Ausdrücken beziehungsweise mit Konstanten indiziert sind. Die CHK-Instruktionen sind weggelassen.

```
MODULE T2a;
  TYPE
    R0 = RECORD x, y: INTEGER END ;
    R1 = RECORD
      u: INTEGER;                    offset 0
      v: ARRAY 4 OF R0;              offset 4
      w: INTEGER                     offset 36
    END ;
  VAR i, j, k: INTEGER;             adr -4, -8, -12
    s: ARRAY 2 OF R1;               adr -92
```

```
BEGIN k := s[i].u; k := s[1].w;
  k := s[i].v[j].x; k := s[1].v[2].y;
  s[0].v[i].y := k
END T2a.
```

| LDW  | 1, 0, -4   | i              |
|------|------------|----------------|
| MULI | 1, 1, 40   |                |
| LDW  | 2, 1, -92  | s[i].u         |
| STW  | 2, 0, -12  | k              |
|      |            |                |
| LDW  | 1, 0, -16  | s[1].w         |
| STW  | 1, 0, -12  |                |
|      |            |                |
| LDW  | 1, 0, -4   | i              |
| MULI | 1, 1, 40   |                |
| LDW  | 2, 0, -8   | j              |
| MULI | 2, 2, 8    |                |
| ADD  | 2, 1, 2    |                |
| LDW  | 1, 2, -88  | s[i].v[j].x    |
| STW  | 1, 0, -12  |                |
|      |            |                |
| LDW  | 1, 0, -28  | s[1].v[2].y    |
| STW  | 1, 0, -12  |                |
|      |            |                |
| LDW  | 1, 0, -4   | i              |
| MULI | 1, 1, 8    |                |
| LDW  | 2, 0, -12  | k              |
| STW  | 2, 1, -84  | s[0].v[i].y    |

# 11 Bedingte und wiederholte Anweisungen, Boole'sche Ausdrücke

## 11.1 Vergleiche und Sprünge

Bedingte und wiederholte Anweisungen werden mittels Sprungbefehlen implementiert. Betrachten wir als einführendes Beispiel die einfachste Form der bedingten Anweisung.

```
IF x = y THEN StatSequence END
```

Deren direkteste Abbildung in eine Folge von Instruktionen lautet:

```
IF x = y                          EQL   x, y
                                  BF    L
    THEN StatSequence             code(StatSequence)
END                           L   ...
```

Hier legen wir unseren Überlegungen wiederum eine Stack-Architektur zugrunde. Die Instruktion EQL prüft die Operanden auf Gleichheit hin und ersetzt sie auf dem Stack durch das Boole'sche Resultat. Die nachfolgende Sprunginstruktion BF (branch if FALSE) springt zur Zieladresse L, falls dieses Resultat FALSE ist, und sie entfernt den Wert vom Stack. Analog zu EQL werden auch Instruktionen postuliert, die den Relationen $\neq$, $<$, $\geq$, $\leq$, und $>$ entsprechen. Leider aber sind derart compiler-freundliche Rechner nicht verbreitet. Gängig sind vielmehr Rechner mit Sprungbefehlen, deren Sprungbedingung aus einem Vergleich eines Registerwertes mit 0 hervorgeht. Wir bezeichnen sie mit BNE, BLT, BGE, BLE, BGT. Die dem obigen Beispiel entsprechende Codefolge lautet dann:

```
IF x = y                              code (Ri := x - y)
                                      BNE    Ri, L
      THEN StatSequence               code(StatSequence)
END                             L   ...
```

Die Verwendung der Subtraktion hat allerdings einen Haken, denn sie kann zu arithmetischem Überlauf führen. Daher wird gewöhnlich eine Vergleichsinstruktion (CMP, compare) angeboten, die keinen Überlauf erzeugt, sondern ein Resultat liefert, aus dem eindeutig hervorgeht, ob die Differenz positiv, null oder negativ ist. Viele verbreitete Prozessorarchitekturen stellen für das Resultat von Vergleichen ein spezielles globales Register zur Verfügung. Dieses wird mit *Condition Code* bezeichnet und besteht im wesentlichen aus zwei Bits, genannt N und Z, die anzeigen, ob die Differenz negativ resp. zero ist. Alle Sprungbefehle beziehen sich dann implizit auf dieses Register als Argument:

```
IF x = y                              CMP    x, y
                                      BNE    L
      THEN StatSequence               code(StatSequence)
END                             L   ...
```

In unserem virtuellen RISC wird eine Instruktion CMP verwendet, die sich gleich wie die Subtraktion verhält. Wir übergehen also der Einfachheit halber den Fall von Überlauf großzügig.

## 11.2  Bedingte und wiederholte Anweisungen

Es fragt sich jetzt, wie der Wert eines Items, das einen Boole'schen Ausdruck beschreibt, darzustellen sei. Beim Stack-Rechner ist die Antwort trivial. Da der Wert eines Ausdrucks stets auf dem Stack liegt, erübrigt sich ein weiterer Attributmodus. Der allgemeine Fall von Boole'schen Ausdrücken erfordert jedoch weitere Überlegungen, so daß wir uns vorerst auf den einfachen Fall konzentrieren, in dem der Boole'sche Ausdruck wie vorhin lediglich aus einer Relation (Vergleich) besteht.

Im Fall des Rechners mit CMP-Instruktion ist dann offenbar in einem Item, das einen Boole'schen Ausdruck beschreibt, die Angabe nötig, welche Relation vorliegt, d.h., unter welcher Bedingung der Sprung erfolgen soll (=, <, <=, etc.). Wir bezeichnen den neuen Modus mit *Cond*; sein zusätzliches Attribut (Feld c) ist die Codierung der spezifizierten Relation, die wir wie folgt festlegen:

```
=    0          #    1
<    2          >=   3
<=   4          >    5
```

Das Konstrukt, das Vergleichsoperatoren enthält, ist der Ausdruck (expression). Seine Syntax lautet:

expression = SimpleExpression [("=" | "#" | "<" | "<=" | ">" | ">=")
SimpleExpression].

Dementsprechend läßt sich die Parser-Prozedur und deren Erweiterung zur Codeausgabe leicht ableiten:

```
PROCEDURE expression(VAR x: Item);
  VAR y: Item; op: INTEGER;
BEGIN SimpleExpression(x);
  IF (sym >= eql) & (sym <= geq) THEN
    op := sym; Get(sym); SimpleExpression(y); Relation(op, x, y)
  END
END expression;
```

```
PROCEDURE Relation(op: INTEGER; VAR x, y: Item);
BEGIN
  IF (x.type.form # Integer) OR (y.type.form # Integer) THEN Mark("bad type")
  ELSE
    IF (y.mode = Const) & (y.a = 0) THEN load(x) ELSE PutOp(CMP, x, y) END ;
    x.c := op - eql; EXCL(regs, x.r); EXCL(regs, y.r)
  END ;
  x.mode := Cond; x.type := boolType
END Relation;
```

Aus dem bereits vorgestellten Code-Schema

```
IF x R y                              code (Ri := x - y)
                                      Bcond  Ri, L
    THEN StatSequence                 code(StatSequence)
END                              L  ...
```

geht schließlich die Prozedur hervor, die den Code für das IF-Konstrukt erzeugt:

```
ELSIF sym = if THEN
  Get(sym); expression(x); CJump(x);
```

```
IF sym = then THEN Get(sym) ELSE Mark("THEN?") END ;
StatSequence; Fixup(x.a)
IF sym = end THEN Get(sym) ELSE Mark("END?") END
```

Die Prozedur *CJump(x)* erzeugt die bedingte Sprunginstruktion gemäß dem Wert *x.c*, und zwar so, daß der Sprung aktiv wird, wenn die spezifizierte Bedingung *nicht* erfüllt ist. Hier wird zudem eine Schwierigkeit ersichtlich, die bei Compilern mit einem einzigen Durchlauf des Quelltexts (single-pass compiler) unvermeidlich ist. Die Zieladresse des Sprungs ist bei der Ausgabe der Instruktion noch unbekannt. Die Lösung des Problems besteht darin, daß bei der Ausgabe des Sprungs seine Adresse dem beschreibenden Item beigegeben wird. Sie wird benötigt, wenn zu einem späteren Zeitpunkt die Zieladresse bekannt wird und dadurch der Sprungbefehl vervollständigt werden kann (*Fixup*). Diese einfache Methode ist nur deshalb anwendbar, weil der Code in einem Array abgespeichert wird, wo einzelne Instruktionen korrigiert werden können, d.h., weil der Code nicht unmittelbar in eine sequentielle Datei ausgegeben wird. Für die Angabe der Adresse der Sprunginstruktion verwenden wir das Item-Feld *a*.

```
PROCEDURE CJump(VAR x: Item);
BEGIN
  IF x.type.form = Boolean THEN
    Put(BEQ + negated(x.c), x.r, 0, 0); EXCL(regs, x.r); x.a := pc - 1
  ELSE OSS.Mark("Boolean?"); x.a := pc
  END
END CJump;

PROCEDURE negated(cond: LONGINT): LONGINT;
BEGIN
  IF ODD(cond) THEN RETURN cond-1 ELSE RETURN cond+1 END
END negated;

PROCEDURE Fixup(L: LONGINT);
BEGIN code[L] := code[L] DIV 10000H * 10000H + pc - L
END Fixup;
```

Die Prozedur *CJump* gibt eine Fehlermeldung aus, falls *x* nicht vom Typ *BOOLEAN* ist. Sprungbefehle enthalten Adressen relativ zum Befehl selber, weshalb der Wert *pc-L* eingesetzt wird.

Letztlich gilt es noch, die bedingte Anweisung in ihrer allgemeinen Form zu verarbeiten. Die Syntax lautet:

```
"IF" expression "THEN" StatSequence
{"ELSIF" expression "THEN" StatSequence}
["ELSE" StatSequence]
"END"
```

Und das entsprechende Codemuster ergibt sich wie folgt:

| | |
|---|---|
| IF expression THEN | code(expression) |
| | Bcond L0 |
| StatSequence | code(StatSequence) |
| | BR L |
| ELSIF expression THEN | L0 code(expression) |
| | Bcond L1 |
| StatSequence | code(StatSequence) |
| | BR L |
| ELSIF expression THEN | L1 code(expression) |
| | Bcond L2 |
| StatSequence | code(StatSequence) |
| | BR L |
| .............. | ............ |
| ELSE StatSequence | Ln code(StatSequence) |
| END | L ... |

Woraus wiederum die Parser-Anweisungen als Teil von *StatSequence* hergeleitet werden. Obwohl eine beliebige Anzahl von ELSIF-Konstrukten und damit eine beliebige Zahl von Sprungzielen L1, L2, ... vorkommen kann, genügt eine einzige Variable $x$, die in jeder ELSIF-Instanz neu verwendet wird.

```
ELSIF sym = if THEN
  Get(sym); expression(x); CJump(x);
  IF sym = then THEN Get(sym) ELSE Mark("THEN ?") END ;
  StatSequence; L := 0;
  WHILE sym = elsif DO
    Get(sym); FJump(L); Fixup(x.a); expression(x); CJump(x);
    IF sym = then THEN Get(sym) ELSE Mark("THEN ?") END ;
    StatSequence
  END ;
  IF sym = else THEN Get(sym); FJump(L); Fixup(x.a); StatSequence
  ELSE Fixup(x.a)
  END ;
  FixLink(L);
```

```
IF sym = end THEN Get(sym) ELSE Mark("END ?") END
...

PROCEDURE FJump(VAR L: LONGINT);
BEGIN Put(BEQ, 0, 0, L); L := pc - 1
END FJump;
```

Hier ergibt sich allerdings der Umstand, daß nicht nur ein einziger Sprungbefehl auf die Marke L am Schluß hinzeigen soll, sondern eine ganze Reihe, nämlich so viele, wie IF- und ELSIF-Zweige vorliegen. Das Problem wird elegant damit gelöst, daß die Liste der noch zu vervollständigenden Sprungbefehle in diesen Befehlen selber untergebracht wird und somit die Variable *L* den Kopf dieser Liste darstellt. Die Verkettung geschieht durch den Parameter der Put-Operation in *FJump*. Es genügt, die Prozedur *Fixup* durch *FixLink* zu ersetzen, in der die gesamte Liste von Instruktionen durchlaufen wird, die noch zu vervollständigen sind. Es ist wichtig, daß die Variable *L* lokal zur Parser-Prozedur *StatSequence* vereinbart ist, weil Anweisungen geschachtelt vorkommen und daher die Prozedur rekursiv aufgerufen wird. In diesem Fall existieren verschiedene Exemplare derselben Variablen mit unterschiedlichen Sprungzielen.

```
PROCEDURE FixLink(L: LONGINT);
  VAR L1: LONGINT;
BEGIN
  WHILE L # 0 DO
    L1 := code[L] MOD 10000H; Fixup(L); L := L1
  END
END FixLink;
```

Die Kompilierung der WHILE-Anweisung von Oberon-0 ist derjenigen der IF-Anweisung sehr ähnlich. Neben dem bedingten Vorwärts- ist ein unbedingter Rückwärtssprung nötig. Die Syntax und das dazugehörige Codemuster lauten:

```
WHILE expression DO            L0 code(expression)
                                 Bcond  L1
    StatSequence                 code(StatSequence)
END                              BR  L0
                              L1 ...
```

Daraus wird der entsprechende Teil der Parser-Prozedur abgeleitet:

```
ELSIF sym = while THEN
    Get(sym); L := pc; expression(x); CJump(x);
    IF sym = do THEN Get(sym) ELSE Mark("DO ?") END ;
    StatSequence; BJump(L); Fixup(x.a);
    IF sym = end THEN Get(sym) ELSE Mark("END ?") END
PROCEDURE BJump(L: LONGINT);
BEGIN Put(BEQ, 0, 0, L - pc)
END BJump;
```

Zusammenfassend zeigen wir nachfolgend den erzeugten Code für die beiden Anweisungen mit den Variablen i und j:

IF i < j THEN i := 0 ELSIF i = j THEN i := 1 ELSE i := 2 END ;
WHILE i > 0 DO i := i - 1 END

```
 4  LDW   1, 0, -4      i
 8  LDW   2, 0, -8      j
12  CMP   1, 1, 2
16  BGE   1, 0, 3       (jump over 3 instructions to 28)
20  STW   0, 0, -4      i := 0
24  BEQ   0, 0, 10      (jump over 10 instructions to 64)
28  LDW   1, 0, -4
32  LDW   2, 0, -8
36  CMP   1, 1, 2
40  BNE   1, 0, 4       (jump over 4 instructions to 56)
44  ADDI  1, 0, 1
48  STW   1, 0, -4      i := 1
52  BEQ   0, 0, 3       (jump over 3 instructions to 64)
56  ADDI  1, 0, 2
60  STW   1, 0, -4      i := 2
64  LDW   1, 0, -4
68  BLE   1, 0, 5       (jump over 5 instructions to 88)
72  LDW   1, 0, -4
76  SUBI  1, 1, 1
80  STW   1, 0, -4      i := i - 1
84  BEQ   0, 0, -5      (jump back over 5 instructions to 64)
88  ...
```

# 11.3 Boole'sche Operationen

Auf die Frage, wie Boole'sche Ausdrücke zu kompilieren seien, ist die Antwort naheliegend, sie gleich wie arithmetische Ausdrücke zu behandeln. Leider ist diese Lösung aber nicht nur unbefriedigend, weil in vielen Fällen ineffizient, sondern sie ist sogar falsch. Dies ist darauf zurückzuführen, daß die Definition der Boole'schen Operatoren lautet:

$$p \text{ OR } q = \text{if } p \text{ then TRUE else } q$$
$$p \text{ \& } q = \text{if } p \text{ then } q \text{ else FALSE}$$

Diese Definition besagt, daß der zweite Operand q nicht ausgewertet werden muß, wenn das Resultat bereits aus dem Wert des ersten Operanden p hervorgeht. Programmiersprachen gehen in dieser Beziehung noch einen Schritt weiter, indem sie bestimmen, daß in diesen Fällen q gar nicht ausgewertet werden *darf*. Diese Regel besteht deshalb, weil damit q unter Umständen auch undefiniert sein darf, ohne daß die Auswertung des Ausdrucks zu einem Abbruch der Rechnung führen müßte. Beispiel:

$$(x \text{ \# NIL}) \text{ \& } (x\uparrow.size > 4)$$

Boole'sche Ausdrücke mit Operatoren nehmen damit die Form von bedingten Anweisungen (genauer: bedingten Ausdrücken) an, und es ist naheliegend, für ihre Kompilierung auch die gleichen Methoden zu verwenden, die für bedingte Anweisungen entwickelt wurden. Boole'sche Ausdrücke und bedingte Anweisungen verschmelzen gleichsam, wie es das folgende Beispiel aufzeigt. So wird die Anweisung

$$\text{IF } (x <= y) \text{ \& } (y < z) \text{ THEN S END}$$

gleich behandelt wie ihre äquivalente Formulierung

$$\text{IF } x <= y \text{ THEN IF } y < z \text{ THEN S END END}$$

Betrachten wir vorerst den folgenden Ausdruck, der aus drei Relationen besteht, die mit & verknüpft sind. Dazu wird das angestrebte Codemuster angegeben, wobei wir uns vorerst nur das linke Muster vornehmen (a, b, ... f seien numerische Werte):

$$P = (a < b) \text{ \& } (c < d) \text{ \& } (e < f)$$

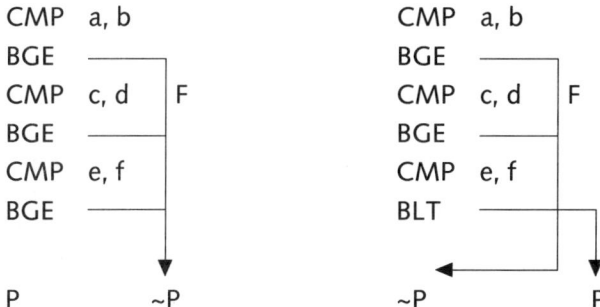

Wie das linke Muster zeigt, wird für jeden &-Operator eine Sprunginstruktion ausgegeben, die aktiv wird, wenn die Bedingung *nicht* erfüllt ist (F-jump), also BGE für <, BNE für = etc. Damit ergibt sich die Postkondition P (erfüllt) und eine Kette von Sprüngen für die Bedingung ~P.

Überlegt man sich, wie die Codeerzeugung für &-Operatoren erfolgen soll, so erkennt man, daß die entsprechende Parser-Prozedur *term*, wie sie bereits von den arithmetischen Ausdrücken her bekannt ist, geringfügig erweitert werden muß. Insbesondere ist die Ausgabe eines bedingten Sprungbefehls bereits *vor* dem zweiten Operanden vorzusehen, während am Schluß die Vervollständigung mit der Sprungadresse (fixup) erfolgen muß. Ersteres geschieht durch die Prozedur *Op1*, letzteres durch *Op2*.

```
PROCEDURE term(VAR x: Item);
  VAR y: Item; op: INTEGER;
BEGIN
  factor(x);
  WHILE (sym >= times) & (sym <= and) DO
    op := sym; Get(sym);
    IF op = and THEN Op1(op, x) END ;
    factor(y); Op2(op, x, y)
  END
END term;

PROCEDURE Op1(op: INTEGER; VAR x: Item);   (* x := op x *)
  VAR t: LONGINT;
BEGIN
  IF op = minus THEN ...
  ELSIF op = and THEN
    IF x.mode # Cond THEN loadBool(x) END ;
```

    Put(BEQ + negated(x.c), x.r, 0, x.a); EXCL(regs, x.r); x.a := pc - 1
  END
  END Op1;

Ist der erste Boole'sche Faktor, dargestellt durch das Item x, im Modus *Cond*, so ist an der gegenwärtigen Stelle x wahr, und es folgen die Befehle zur Auswertung des zweiten Faktors. Ist er jedoch nicht im Modus *Cond*, so muß er in diesen überführt werden. Dies besorgt die Prozedur *loadBool*. Hier wird angenommen, daß der Wert FALSE durch 0 dargestellt ist. Der Attributwert c = 1 bewirkt daher, daß eine BEQ-Instruktion aktiv wird, wenn der Wert x gleich 0, d. h. TRUE ist.

    PROCEDURE loadBool(VAR x: Item);
    BEGIN
      IF x.type.form # Boolean THEN OSS.Mark("Boolean?") END ;
      load(x); x.mode := Cond; x.c := 1
    END loadBool;

Ganz analog wird der OR-Operator behandelt. Allerdings werden hier Sprünge erzeugt, die aktiv sind, falls ihre Bedingung erfüllt ist (T-jump). Sie werden in der dualen Sprungkette im Item-Feld *b* verkettet. Die Postkondition einer Folge von Termen, die mit OR verbunden sind, ist FALSE. Man beachte wiederum die linke Abbildung.

    P  =  (a < b) OR (c < d) OR (e < f)

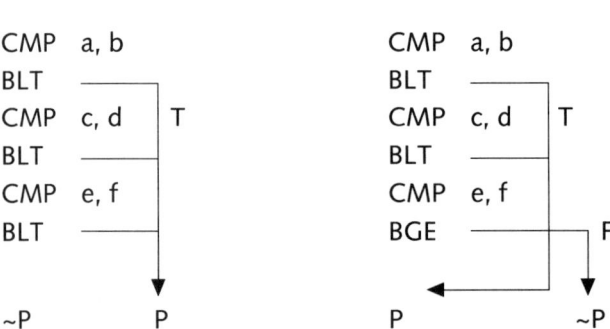

Als nächstes überlegen wir uns die Realisierung der Negation. Hier zeigt es sich, daß überhaupt keine Befehle eingesetzt werden müssen. Es ist lediglich die Bedingung (Feld c) zu negieren, und ferner müssen die beiden Ketten, die durch die Attribute *a* (F-jump) und *b* (T-jump) bezeichnet sind, vertauscht werden. Das Resultat der Negation ist in den Abbildungen rechts dargestellt, und zwar für die &- und die OR-Ausdrücke. Die betroffenen Prozeduren werden wie folgt ergänzt:

```
PROCEDURE SimpleExpression(VAR x: Item);
  VAR y: Item; op: INTEGER;
BEGIN term(x);
  WHILE (sym >= plus) & (sym <= or) DO
    op := sym; Get(sym);
    IF op = or THEN Op1(op, x) END ;
    term(y); Op2(op, x, y)
  END
END SimpleExpression;

PROCEDURE Op1(op: INTEGER; VAR x: Item);   (* x := op x *)
  VAR t: LONGINT;
BEGIN
  IF op = minus THEN ...
  ELSIF op = not THEN
    IF x.mode # Cond THEN loadBool(x) END ;
    x.c := negated(x.c); t := x.a; x.a := x.b; x.b := t
  ELSIF op = and THEN
    IF x.mode # Cond THEN loadBool(x) END ;
    Put(BEQ + negated(x.c), x.r, 0, x.a); EXCL(regs, x.r);
    x.a := pc-1; FixLink(x.b); x.b := 0
  ELSIF op = or THEN
    IF x.mode # Cond THEN loadBool(x) END ;
    Put(BEQ + x.c, x.r, 0, x.b); EXCL(regs, x.r);
    x.b := pc-1; FixLink(x.a); x.a := 0
  END
END Op1;
```

Werden Ausdrücke mit &- und OR-Operatoren kompiliert, dann ist darauf zu achten, daß vor jedem & die Bedingung P, bei jedem OR die Bedingung ~P gelten muß und daß die entsprechenden Ketten von Sprungbefehlen (bei & die T-Kette, bei OR die F-Kette) durchlaufen und die Adressen in den bezeichneten Instruktionen schließlich nachgeführt werden. Letzteres wird durch die Prozeduraufrufe von *FixLink* in *Op1* gewährleistet. Als Beispiel betrachten wir die Ausdrücke

P   = ((a < b) & (c < d)) OR ((e < f) & (g < h))
Q   = ((a < b) OR (c < d)) & ((e < f) OR (g < h))

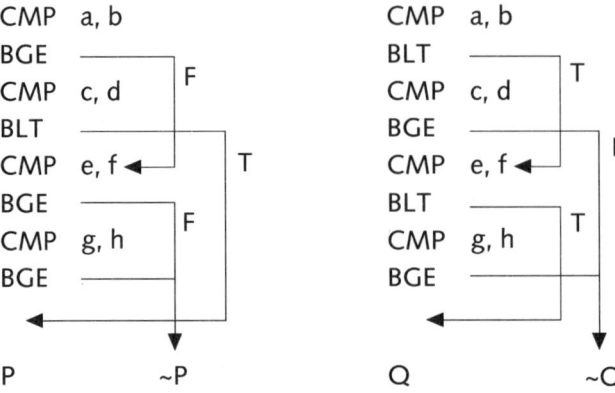

Nun kann auch der Fall eintreten, wo eine Kette der untergeordneten mit einer Kette der übergeordneten Struktur zusammenfließt (F-Kette im Beispiel Q). Diese Vereinigung besorgt die Prozedur *merged(a, b)*, deren Wert die Kette ist, die aus der Aneinanderreihung der beiden Argumente entsteht und die aus *Op2* aufgerufen wird.

```
PROCEDURE Op2(op: INTEGER; VAR x, y: Item);   (* x := x op y *)
BEGIN
   IF (x.type.form = Integer) & (y.type.form = Integer) THEN

      ...
   ELSIF (x.type.form = Boolean) & (y.type.form = Boolean) THEN
      IF y.mode # Cond THEN loadBool(y) END ;
      IF op = or THEN x.a := y.a; x.b := merged(y.b, x.b); x.c := y.c
      ELSIF op = and THEN x.a := merged(y.a, x.a); x.b := y.b; x.c := y.c
      END
   ELSE ...
   END ;
END Op2;
```

# 11.4 Zuweisungen zu Boole'schen Variablen

Die Kompilierung von Zuweisungen zu Boole'schen Variablen ist wohl etwas komplizierter, als man es sich vorstellen würde. Der Grund dafür ist natürlich der Cond-Modus, der vorgängig der Abspeicherung in einen Datenwert (0 oder 1) umgesetzt werden muß, und zwar nach dem naheliegenden Schema:

```
ADDI  1, 0, 1  ◄┘ T    F
BEQ   0, 0  ─────
ADDI  1, 0, 0  ◄─
STW   1, q  ◄─┘
```

Dies läßt zwar den Fall der einfachen Anweisung $q := x < y$ erstaunlich komplex erscheinen. Wir sind uns jedoch bewußt, daß Boole'sche Variablen, gemeinhin als *flags* bezeichnet, selten vorkommen (sollten), obwohl der Begriff des Boole'schen Typs fundamental ist. Es ist nicht zweckmäßig, selten vorkommende Fälle durch besonderen Aufwand im Compiler effizient machen zu wollen. Wichtig hingegen ist es, daß die häufigen Fälle optimal behandelt werden. Immerhin gehen wir hier noch soweit, die Zuweisung eines Boole'schen Wertes, der nicht im Cond-Modus ist, auf die konventionelle Art zu bewerkstelligen und somit den Umweg über Sprünge zu vermeiden. So ergibt z. B. die Anweisung $p := q$ die erwartete Befehlsfolge:

```
LDW   1, 0, q
STW   1, 0, p
```

Die zuständige Prozedur *Store* lautet nun wie folgt:

```
PROCEDURE Store(VAR x, y: Item); (* x := y *)
BEGIN ...
  IF y.mode = Cond THEN
    FixLink(y.b); GetReg(y.r); Put(ADDI, y.r, 0, 1); Put(BEQ, 0, 0, 2);
    FixLink(y.a); Put(ADDI, y.r, 0, 0)
  ELSIF y.mode # Reg THEN load(y)
  END ;
  IF x.mode = Var THEN Put(STW, y.r, x.r, x.a)
  ELSE Mark("illegal assignment")
  END ;
  EXCL(regs, x.r); EXCL(regs, y.r)
END Store;
```

# 12 Prozeduren und das Konzept der Lokalität

## 12.1 Laufzeitorganisation im Speicher

Prozeduren, auch Subroutinen oder Unterprogramme genannt, sind wohl das wichtigste Werkzeug in der Strukturierung von Programmen. Wegen ihrer Häufigkeit ist eine effiziente Implementierung unbedingt nötig. Sie basiert auf der Sprunginstruktion, die vorgängig den Wert des Programmzählers und damit den Ort, von dem der Sprung ausgeht, abspeichert. Am Schluß der Prozedur wird diese Adresse in den Programmzähler zurückgeholt.

Sogleich ergibt sich hier die Frage nach dem Ort der Abspeicherung der Rückkehradresse (link). In manchen Rechnern ist er durch ein Register vorgegeben, so auch bei unserem RISC. Diese Lösung garantiert zwar größte Effizienz, weil kein zusätzlicher Speicherzugriff nötig ist, verlangt aber eine Abspeicherung des Registers, bevor eine weitere Prozedur aufgerufen wird, weil das betreffende Register sonst überschrieben würde und damit die erste Rücksprungadresse verloren ginge. Bei der Implementierung einer höheren Programmiersprache ist das Abspeichern des Registers daher unabdingbar und wird als erste Aktion jeder Prozedur erledigt.

Zur Abspeicherung drängt sich ein Kellerspeicher (Stack) auf. Der Grund liegt darin, daß Prozeduraktivierungen geschachtelt erfolgen; Prozeduren werden in der umgekehrten Reihenfolge abgeschlossen, wie sie aufgerufen wurden. Der Speicher für die Rücksprungadressen muß daher nach dem Prinzip *first-in, last-out* organisiert sein. Dadurch ergeben sich die folgenden fixen Codesequenzen am Anfang und Ende jeder Prozedur. Man nennt sie auch *Prolog* und *Epilog* (mit SP = 30 und LNK = 31).

| Aufruf | | BSR | P | |
|---|---|---|---|---|
| Prolog | P | PSH | LNK, SP, 4 | push link |

| Epilog | POP | LNK, SP, 4 | pop link |
|--------|-----|------------|----------|
|        | RET | 0, 0, LNK  | return jump |

Dieses Codeschema gilt unter der Annahme, daß die Instruktion BSR die Rückkehradresse im Register 31 abspeichert und daß R30 als *Stackpointer* (SP) eingesetzt wird. Man beachte, daß erstere Annahme durch die Rechnerarchitektur bestimmt ist, während letztere eine reine Software-Konvention des Compilerbauers darstellt bzw. eine Konvention des Betriebssystems ist, dessen Routinen aktiviert werden. Beim Start des Systems muß dieser Zeiger R30 auf den Speicherbereich zeigen, der für den Stack reserviert ist.

Bereits Algol 60 hat das äußerst wichtige Konzept der *lokalen Variablen* eingeführt. Dies bedeutet, daß jeder Name einen beschränkten Sichtbarkeitsbereich aufweist. In Pascal (wie auch in Oberon) wurde dieser dem Prozedurkörper gleichgesetzt. Konkret heißt dies, daß Variablen (auch) lokal zu einer Prozedur vereinbart werden können und dann nur innerhalb des betreffenden Prozedurkörpers Gültigkeit haben. Die beabsichtigte Konsequenz ist dabei, daß beim Aufruf einer Prozedur Speicher für deren lokale Variablen alloziert und beim Austritt wieder freigegeben wird. Lokale Variablen verschiedener Prozeduren werden daher denselben Speicher belegen können, allerdings nie zur gleichen Zeit.

Auf den ersten Blick scheint dieses wichtige Konzept eine gewisse Beeinträchtigung der Effizienz von Prozeduraufrufen zur Folge zu haben. Dies trifft aber nicht zu, weil sich die Speicherblöcke für die jeweiligen Sätze von lokalen Variablen wie die Rücksprungadressen nach dem *first-in-last-out*-Prinzip allozieren lassen. In der Tat läßt sich die Rückkehradresse selber als eine implizite lokale Variable auffassen, und es ist naheliegend, den Speicherblock in demselben Stack anzulegen wie die Rückkehradresse. Man nennt den Speicherblock für die lokalen Variablen einer Prozedur *Activation-Frame*. Die Allokation im Prolog geschieht ganz einfach durch die Verschiebung des Stackpointers (R30) um die Größe des betreffenden Speicherblocks. Am Schluß wird er wieder auf den vorhergehenden Wert zurückgestellt. Damit sind sowohl Vergabe als auch Freigabe optimal effizient.

Die Adressen von lokalen Variablen, die der Compiler erzeugt, beziehen sich alle auf die Basisadresse des betreffenden Activation-Frames; sie sind also *relativ* (offsets). Da in Programmen die meisten Variablen lokal sind, muß auch deren Adressierung optimal effizient sein. Dies trifft zu, wenn, wie beim RISC, die effektive Adresse aus der Summe eines Offsets und eines Registerwertes besteht. Dies bedeutet, daß die Basisadresse des Activation-Frames stets in einem Register gespeichert sein muß. Wir nennen es *Frame-Pointer* (FP). Dieser Forderung wird in folgendem Epilog Rechnung getragen, wo R29 die Funktion des Adreßregisters FP übernimmt.

| Prolog | P | PSH | LNK, SP, 4 | push link |
|---|---|---|---|---|
| | | PSH | FP, SP, 4 | push FP |
| | | ADD | FP, 0, SP | FP := SP |
| | | SUBI | SP, SP, n | SP := SP - n (n = frame size) |
| Epilog | | ADD | SP, 0, FP | SP := FP |
| | | POP | FP, SP, 4 | pop FP |
| | | POP | LNK, SP, 4 | pop link |
| | | RET | 0, 0, LNK | return jump |

Die Activation-Frames, die sich bei aufeinanderfolgenden Prozeduraufrufen aneinanderreihen, sind durch die Kette ihrer Basisadressen verbunden. Ihr Ursprung ist im Register FP festgehalten, und sie wird *dynamische Kette* genannt, weil sie die dynamische Folge von Prozedur-Aktivierungen zeigt (siehe Abb. 12.1).

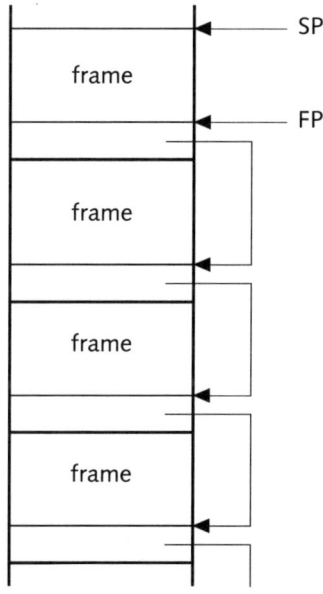

*Abb. 12.1: Verkettung von Activation-Frames im Stack*

Der Zustand des Stacks vor und nach dem Aufruf resp. Verlassen einer Prozedur ist aus Abb. 12.2 gut ersichtlich. Dabei wird deutlich, daß der Rücksprung den Aufruf und der Epilog den Prolog rückgängig macht.

Überlegt man sich die Notwendigkeit der beiden Zeiger SP und FP genau, so kommt man zum Schluß, daß eigentlich auf FP verzichtet werden könnte, da sich Variablenadressen auch auf SP anstatt auf FP beziehen ließen. Diese Feststellung stimmt allerdings nur dann, wenn die Größen aller Variablen zur Zeit der Kompilierung bekannt sind. Dies trifft jedoch im Fall von offenen Arrays nicht zu, wie später ersichtlich sein wird. Allerdings ist hier zu gestehen, daß die Verwendung eines zweiten Zeigers (FP) bei jedem Prozeduraufruf zusätzliche Speicherzugriffe erfordert, die an sich sehr unerwünscht sind.

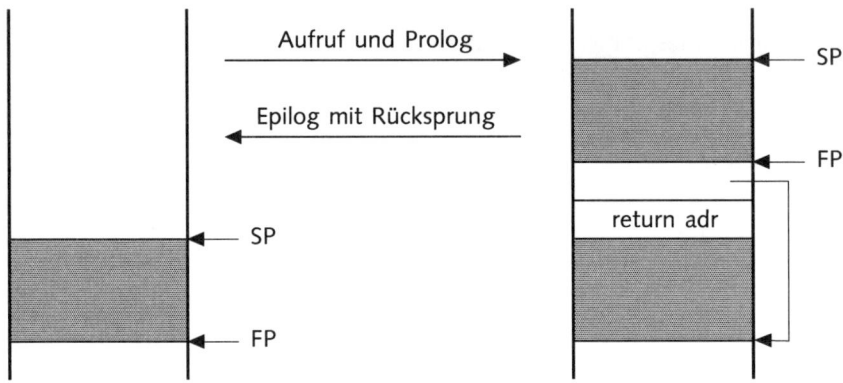

*Abb. 12.2: Zustände des Stacks bei Aufruf und Rückkehr*

Um Effizienz zu gewinnen und insbesondere die Länge der Instruktionsfolgen zu verringern, bieten komplexere Rechner Befehle an, die dem Prolog und dem Epilog entsprechen. Zwei Beispiele mögen hier genügen; beim zweiten gibt es sogar spezielle Register für die Zeiger SP und FP. Die Anzahl der erforderlichen Speicherzugriffe bleibt allerdings die gleiche.

|            | *Motorola 680x0* | *National Semiconductor 32x32* |
| ---------- | ---------------- | ------------------------------ |
| Aufruf     | BSR  P           | BSR  P                         |
| Prolog     | LINK D14, n      | ENTER  n                       |
| Epilog     | UNLNK  D14       | EXIT                           |
| Rücksprung | RTD              | RET                            |

# 12.2 Die Adressierung von Variablen

Aus dem Vorangehenden ist ersichtlich, daß lokale Variablen stets relativ zur Basis des Activation-Frames adressiert werden, die sich in einem bestimmten Register befindet. Letzteres gilt allerdings nur für die zuletzt aufgerufene Prozedur, also für Variablen, die lokal zur Prozedur vereinbart sind, in der sie referenziert werden. In vielen Programmiersprachen lassen sich aber auch Prozedurvereinbarungen schachteln, so daß Referenzen zu Variablen möglich sind, die zwar lokal sind, aber nicht lokal zur Prozedur, die die Referenz enthält. Folgendes Beispiel zeigt den Sachverhalt:

|  | Objekt | Schicht |
|---|---|---|
| PROCEDURE P; | P | 0 |
|    VAR x: INTEGER; | x | 1 |
|  |  |  |
|    PROCEDURE Q; | Q | 1 |
|       VAR y: INTEGER; | y | 2 |
|  |  |  |
|       PROCEDURE R; | R | 2 |
|          VAR z: INTEGER; | z | 3 |
|  |  |  |
|       BEGIN x := y + z |  |  |
|       END R; |  |  |
|  |  |  |
|    BEGIN R |  |  |
|    END Q ; |  |  |
|  |  |  |
|    PROCEDURE S; | S | 1 |
|    BEGIN Q |  |  |
|    END S; |  |  |
|  |  |  |
| BEGIN Q; S |  |  |
| END P; |  |  |

Folgen wir der Aufrufkette P → Q → R. Man könnte sich nun vorstellen, daß beim Zugriff auf x, y und z in R die Basisadresse (des entsprechenden Activation-Frames) erhalten wird, indem die FP-Kette durchlaufen wird. Die Anzahl der Schritte könnte der Schichtdifferenz zwischen dem Ort des Zugriffs und der Vereinbarung der Variablen entnommen werden, also 2 für x, 1 für y und 0 für z.

Leider ist diese Annahme irrig. R kann nämlich auch über die Aufrufkette P → S → Q → R erreicht werden, wie Abb. 12.3 zeigt. Der Zugriff auf x würde mit zwei Schritten zum Frame S anstatt zum Frame P führen.

Offenbar ist eine Verkettung nötig, die die statischen Schichtdifferenzen widerspiegelt, anstatt sich auf die Anzahl der dazwischenliegenden Aufrufe abzustützen. Dies
erfordert zwingend das Aufsetzen eines weiteren Zeigers bei jedem Prozeduraufruf.
Die sogenannte Prozedurmarke enthält damit neben der Rückkehradresse und dem
Glied der *dynamischen Kette* auch noch ein Glied der *statischen Kette*. Der statische
Zeiger (static link) einer Prozedur P verweist auf den Activation-Frame der Prozedur,
in der P deklariert ist. Man beachte, daß dieser Zeiger bei globalen Prozeduren
unnötig ist, sofern wie üblich globale Variablen direkt, d. h. ohne Basisregister, adressiert werden. Da dies der weitaus häufigste Fall ist, kann die zusätzliche Komplexität
der statischen Kette in Kauf genommen werden. In gewissem Sinne kann die (absolute) Adressierung der globalen Variablen als ein Sonderfall der nicht-lokalen Variablen
angesehen werden, der eine Effizienzverbesserung erfährt.

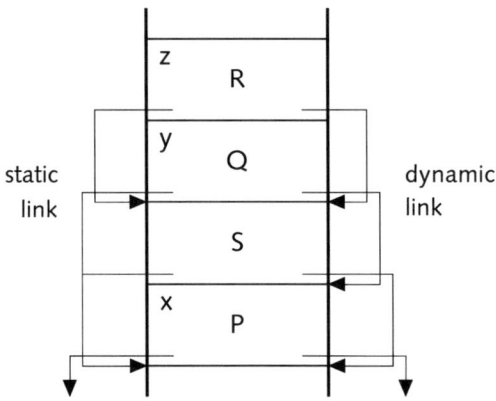

*Abb. 12.3: Dynamische und statische Verkettung im Stack*

Schließlich sei noch darauf aufmerksam gemacht, daß Zugriffe auf Variablen über die
statische Kette (Zwischenschicht-Zugriffe) weniger effizient sind als solche auf direkt
lokale Variablen, da jeder Schritt durch die Kette einen Speicherzugriff bedingt. Verschiedene Lösungen sind vorgeschlagen und auch realisiert worden, um diesen
Effizienzverlust zu beseitigen. Sie beruhen letztlich immer auf der Abbildung der statischen Kette in Register. Wir meinen, daß dies eine Optimierung am falschen Ort sei.
Erstens sind Register meistens Mangelware, die nicht allzu großzügig vergeben werden sollte. Und zweitens kostet das Kopieren der Kette in Register bei jedem Aufruf
und manchen Rücksprüngen leicht mehr, als der Gewinn bei Zugriffen einbringt,
besonders da Zugriffe auf Zwischenschicht-Variablen in der Praxis selten vorkommen. Nicht selten entpuppt sich daher eine vermeintliche Optimierung als eine Ver-
schlechterung.

Um die Übersichtlichkeit nicht über Gebühr zu schmälern, sind in dem Compiler im Anhang Zugriffe auf Variablen der Zwischenschichten nicht implementiert.

Globale Variablen schließlich weisen fixe Adressen auf, die allerdings bei der Kompilierung ebenfalls als relativ zu einer Basisadresse angesehen werden müssen. Die absoluten Werte sind erst beim Laden, aber *vor* der Ausführung bekannt. Dem Objekt-Code wird daher eine Liste jener Befehle beigefügt, in denen absolute Adressen verwendet werden. Der Programmlader muß in diesen Befehlen die Adressen durch Addition einer Basisadresse richtigstellen. Diese Operation kann eliminiert werden, falls der Rechner Adressen zuläßt, die als relativ zu PC interpretiert werden. Dies trifft beim RISC nicht zu und ist, außer bei Sprungbefehlen, eher selten anzutreffen.

# 12.3 Parameter

Parameter bilden die Schnittstelle zwischen der aufrufenden und der aufgerufenen Prozedur. Die Parameter im Aufruf heißen *aktuelle Parameter,* diejenigen in der Prozedurvereinbarung heißen *formale Parameter*. Die formalen Parameter sind lediglich Platzhalter und werden durch die aktuellen ersetzt. Grundsätzlich ist eine Substitution eine Zuweisung, nämlich des aktuellen Wertes an die formale Variable. Dies bedeutet unweigerlich, daß jeder formale Parameter durch eine Variable dargestellt ist, die lokal an die Prozedur gebunden ist, und daß jeder Prozeduraufruf von einer Anzahl Zuweisungen, genannt *Parametersubstitutionen,* begleitet ist.

In den meisten Programmiersprachen wird zwischen (mindestens) zwei Parameterarten unterschieden. Die erste Art ist die der *Werteparameter,* wo, wie der Name besagt, der Wert des aktuellen Parameters der formalen Variablen zugewiesen wird. Der aktuelle Parameter ist syntaktisch ein *Ausdruck*. Die zweite Art ist die der *Referenzparameter,* wo, wie ebenfalls der Name andeutet, dem formalen die Referenz zum aktuellen Parameter zugewiesen wird. Offenbar muß der aktuelle Parameter eine *Variable* sein, da durch eine Zuweisung zum formalen Parameter der Wert des aktuellen Parameters geändert wird. (In Pascal, Modula und Oberon wird er daher auch *Var-Parameter* genannt.) Der »Wert« des formalen Parameters ist in diesem Fall also ein versteckter Zeigerwert, d. h. eine Adresse.

Selbstverständlich muß vor der Substitution der aktuelle Parameter ausgewertet werden beziehungsweise muß im Fall eines Var-Parameters die aktuelle Variable identifiziert werden; man denke an indizierte Variablen. Wie aber wird die Zieladresse der Zuweisung bestimmt? Hier kommt die Speicherorganisation als Stack ins Spiel. Die aktuellen Werte werden der Reihe nach auf den Stack abgelagert; es brauchen also keine expliziten Adressen bekannt zu sein. Abb. 12.4 zeigt den Zustand des Stacks nach der Ablagerung der Parameter und nach dem erfolgten Aufruf und Prolog.

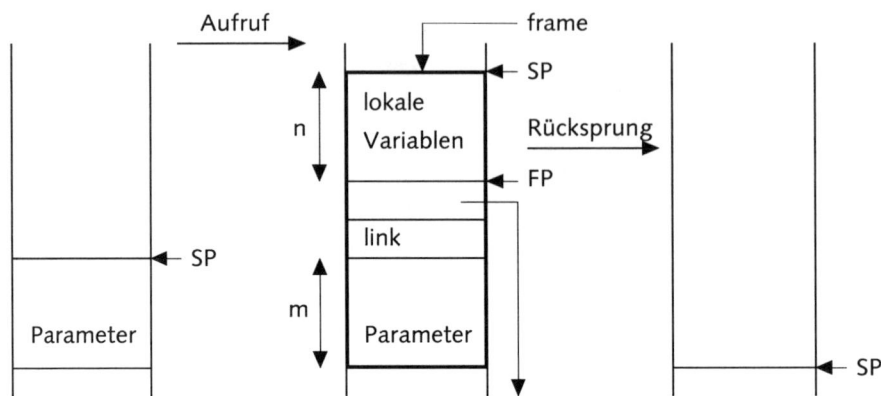

*Abb. 12.4: Parameterübergabe*

Es zeigt sich jetzt, daß die formalen Parameter gleich wie lokale Variablen relativ zur Basis FP adressiert werden können. Haben lokale Variablen negative Adreßwerte, so zeichnen sich die Parameter durch positive aus. Vor allem ist zu beachten, daß die Parameter von der aufgerufenen Prozedur automatisch dort referenziert werden, wo sie beim Aufruf abgespeichert wurden. Der Platz für die Parameter wird im Epilog freigegeben, indem SP um den entsprechenden Betrag $m$ erhöht wird.

| | | | |
|---|---|---|---|
| Epilog | ADD | SP, 0, FP | SP := FP |
| | POP | FP, SP, 4 | pop FP |
| | POP | LNK, SP, m+4 | pop link and parameters |
| | RET | 0, 0, LNK | return jump |

Bei den bereits erwähnten CISC-Rechnern wird der Stack mit der Return-Instruktion abgebaut. Sie enthält daher die Größe des Parameterbereichs als Befehlsparameter (RET m).

# 12.4 Prozedurvereinbarungen und Aufrufe

Die Prozedur zur Verarbeitung einer Prozedurvereinbarung ergibt sich ohne weiteres aus der Syntax und den Regeln des Parserbaus. Der neue Eintrag in der Symboltabelle erhält die Klassenbezeichnung *Proc,* und sein Attribut *a* erhält den Wert *pc,* also die

Adresse des Prologs. Sodann wird in der Symboldatei ein neues »Scope« eröffnet, und zwar so, daß erstens neue Einträge für lokale Größen in eine neue Liste gelangen und daß zweitens am Ende der Prozedurvereinbarung die neue Liste leicht entfernt werden kann und die alte Liste wieder hervortritt. Auch hier wird mit *OpenScope* und *CloseScope* das Stack-Prinzip angewendet, und die Verkettung wird in einem Kopfelement (Klasse *Head*) untergebracht. Der Typ *Object* erhält ferner ein neues Attribut *lev*, das die Schachtelungstiefe (level) angibt, in der sich das vereinbarte Objekt befindet.

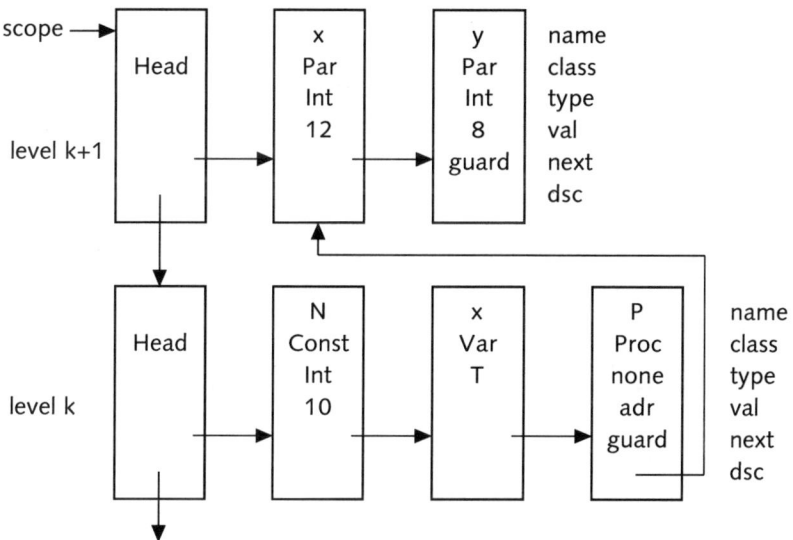

*Abb. 12.5: Symboltabelle mit zwei Scopes*

```
PROCEDURE ProcedureDecl;
    VAR proc, obj: Object;
        procid: Ident;
        locblksize, parblksize: LONGINT;

    PROCEDURE FPSection;
        VAR obj, first: Object; tp: Type; parsize: LONGINT;
    BEGIN
        IF sym = var THEN Get(sym); IdentList(Par, first) ELSE IdentList(Var, first) END ;
        IF sym = ident THEN
            find(obj); Get(sym);
            IF obj.class = Typ THEN tp := obj.type ELSE Mark("type?"); tp := intType END
        ELSE Mark("ident?"); tp := intType
```

```
      END ;
      IF first.class = Var THEN parsize := tp.size ELSE parsize := 4 END ;
      obj := first;
      WHILE obj # guard DO obj.type := tp; INC(parblksize, parsize); obj := obj.next END
   END FPSection;

BEGIN (* ProcedureDecl *) Get(sym);
   IF sym = ident THEN
      procid := id;
      NewObj(proc, Proc); Get(sym); parblksize := 8;
      INC(level); OpenScope; proc.val := -1;
      IF sym = lparen THEN Get(sym);
         IF sym = rparen THEN Get(sym)
         ELSE FPSection;
            WHILE sym = semicolon DO Get(sym); FPSection END ;
            IF sym = rparen THEN Get(sym) ELSE Mark(")?") END
         END
      END ;
      obj := topScope.next; locblksize := parblksize;
      WHILE obj # guard DO
         obj.lev := curlev;
         IF obj.class = Par THEN DEC(locblksize, 4)
         ELSE locblksize := locblksize - obj.type.size
         END ;
         obj.val := locblksize; obj := obj.next
      END ;
      proc.dsc := topScope.next;
      IF sym = semicolon THEN Get(sym) ELSE Mark(";?") END;
      locblksize := 0; declarations(locblksize);
      WHILE sym = procedure DO
         ProcedureDecl;
         IF sym = semicolon THEN Get(sym) ELSE Mark(";?") END
      END ;
      proc.val := pc; Enter(locblksize);
      IF sym = begin THEN Get(sym); StatSequence END ;
      IF sym = end THEN Get(sym) ELSE Mark("END?") END ;
      IF sym = ident THEN
         IF procid # id THEN Mark("no match") END ;
         Get(sym)
      ELSE Mark("ident?")
      END ;
      Return(parblksize - 8); CloseScope; DEC(level)
   END
END ProcedureDecl;
```

Werteparameter können genauso wie lokale Variablen betrachtet werden. Ihre Einträge in der Symboltabelle sind von der Klasse *Var*. Hingegen wird die neue Klasse *Par* eingeführt, um Referenzparameter zu kennzeichnen. Die Adressen der formalen Parameter ergeben sich wie folgt, wobei der letzte Parameter $p_n$ den kleinsten Offset aufweist, nämlich die Größe der Marke (8). Die Größe von Var-Parametern ist stets 4, d. h. die Größe einer Adresse.

$$adr(p_i) = size(p_{i+1}) + ... + size(p_n) + 8$$

Dies bedeutet leider, daß die Offsets vom Compiler erst bestimmt werden können, nachdem die gesamte formale Parameterliste bekannt ist. Bei byte-adressierten Rechnern ist es äußerst vorteilhaft, den Stackzeiger stets um Beträge zu verändern, die ein Vielfaches von 4 sind, damit die Parameterwerte immer auf Wortgrenzen aliniert sind. Hier erübrigt sich eine besondere Maßnahme, da ohnehin alle Datentypen eine Größe aufweisen, die ein Vielfaches von 4 ist.

Die lokalen Vereinbarungen werden durch die Parserprozedur *declarations* verarbeitet. Der Code für den Prolog wird durch die Prozedur *Enter* nach der Bearbeitung der lokalen Deklarationen ausgegeben. Analog dazu erfolgt die Ausgabe des Epilog-Codes durch die Prozedur *Return* am Ende von *ProcedureDecl*.

```
PROCEDURE Enter(size: LONGINT);
BEGIN
  Put(PSH, LNK, SP, 4);
  Put(PSH, FP, SP, 4);
  Put(ADD, FP, 0, SP);
  Put(SUBI, SP, SP, size)
END Enter;

PROCEDURE Return(size: LONGINT);
BEGIN
  Put(ADD, SP, 0, FP);
  Put(POP, FP, SP, 4);
  Put(POP, LNK, SP, size + 4);
  Put(RET, 0, 0, LNK)
END Return;
```

Die Prozedur *MakeItem* erzeugt aus einem Objekt ein entsprechendes Item, wobei der Unterschied in der Adressierung von lokalen und globalen Variablen berücksichtigt wird. Wie bereits erwähnt, wird der Fall von Variablen, die weder direkt lokal noch global sind, nicht behandelt. Hingegen ist zu berücksichtigen, daß Var-Parameter eine indirekte Adressierung verlangen. Da der RISC diese nicht direkt anbietet, wird der Wert des formalen Parameters, also die Adresse des entsprechenden aktuellen Parameters, sogleich in ein Register geladen. Der aktuelle Parameter wird dann via dieses Register und mit Offset 0 adressiert.

```
PROCEDURE MakeItem(VAR x: Item; y: Object);
  VAR r: LONGINT;
BEGIN x.mode := y.class; x.type := y.type; x.a := y.val;
  IF y.lev = 0 THEN x.r := 0
  ELSIF y.lev = curlev THEN x.r := FP
  ELSE Mark("level!"); x.r := 0
  END ;
  IF y.class = Par THEN
    GetReg(r); Put(LDW, r, x.r, x.a); x.mode := Var; x.r := r; x.a := 0
  END
END MakeItem;
```

Prozeduraufrufe werden durch die bereits bekannte Prozedur *StatSequence* kompiliert, und zwar unter Zuhilfenahme der Prozeduren *Parameter* und *Call*.

```
IF sym = ident THEN
  find(obj); Get(sym); MakeItem(x, obj); selector(x);
  IF sym = becomes THEN ...
  ELSIF x.mode = Proc THEN
    par := obj.dsc;
    IF sym = lparen THEN Get(sym);
      IF sym = rparen THEN Get(sym)
      ELSE
        LOOP expression(y);
          IF IsParam(par) THEN Parameter(y, par.type, par.class); par := par.next
          ELSE Mark("too many parameters")
          END ;
          IF sym = comma THEN Get(sym)
          ELSIF sym = rparen THEN Get(sym); EXIT
          ELSIF sym >= semicolon THEN Mark(") ?"); EXIT
          ELSE Mark(") or , ?")
          END
        END
      END
    END ;
```

```
      IF obj.val < 0 THEN Mark("forward call")
      ELSIF ~IsParam(par) THEN Call(x)
      ELSE Mark("too few parameters")
      END
   ...

PROCEDURE Parameter(VAR x: Item; ftyp: Type; class: INTEGER);
   VAR r: LONGINT;
BEGIN (*SP = 30*)
   IF x.type = ftyp THEN
      IF class = Par THEN (*Var param*)
         IF x.mode = Var THEN
            IF x.a # 0 THEN GetReg(r); Put(ADDI, r, x.r, x.a) ELSE r := x.r END
         ELSE Mark("illegal parameter mode")
         END ;
         Put(PSH, r, SP, 4); EXCL(regs, r)  (*push*)
      ELSE (*value param*)
         IF x.mode # Reg THEN load(x) END ;
         Put(PSH, x.r, SP, 4); EXCL(regs, x.r)
      END
   ELSE Mark("bad parameter type")
   END
END Parameter;

PROCEDURE IsParam(obj: Object): BOOLEAN;
BEGIN RETURN (obj.class = Par) OR (obj.class = Var) & (obj.val > 0)
END IsParam;

PROCEDURE Call(VAR x: Item);
BEGIN Put(BSR, 0, 0, x.a - pc)
END Call;
```

Wir gehen hier davon aus, daß die Adressen von Prozeduren beim Aufruf bekannt sind. Damit schließen wir Vorwärts-Referenzen aus, die z. B. dann entstehen können, wenn in einer Prozedur Q, die lokal zu P deklariert ist, ein (rekursiver) Aufruf von P vorkommt. Soll diese Einschränkung entfallen, so müssen die Stellen der Vorwärts-Aufrufe festgehalten werden, damit die Adressen zu einem späteren Zeitpunkt eingesetzt werden können, ähnlich wie dies bei Vorwärtssprüngen in bedingten und repetierten Anweisungen erfolgt.

Wir zeigen abschließend den erzeugten Code für die folgende einfache Prozedur:

```
PROCEDURE P(x: INTEGER; VAR y: INTEGER);
BEGIN x := y; y := x; P(x, y); P(y, x)
END P
```

| | | | |
|---|---|---|---|
| 0 | PSH | LNK, SP, 4 | Prolog |
| 4 | PSH | FP, SP, 4 | |
| 8 | ADD | FP, 0, SP | |
| 12 | SUBI | SP, SP, 0 | no local variables |
| | | | |
| 16 | LDW | 1, FP, 8 | |
| 20 | LDW | 2, 1, 0 | |
| 24 | STW | 2, FP, 12 | x := y |
| | | | |
| 28 | LDW | 1, FP, 8 | |
| 32 | LDW | 2, FP, 12 | |
| 36 | STW | 2, 1, 0 | y := x |
| | | | |
| 40 | LDW | 1, FP, 12 | x |
| 44 | PSH | 1, SP, 4 | |
| 48 | LDW | 1, FP, 8 | adr(y) |
| 52 | PSH | 1, SP, 4 | |
| 56 | BSR | 0, 0, -14 | P(x, y) |
| | | | |
| 60 | LDW | 1, FP, 8 | |
| 64 | LDW | 2, 1, 0 | y |
| 68 | PSH | 2, SP, 4 | |
| 72 | ADDI | 1, FP, 12 | adr(x) |
| 76 | PSH | 1, SP, 4 | |
| 80 | BSR | 0, 0, -20 | P(y, x) |
| | | | |
| 84 | ADD | SP, 0, FP | Epilog |
| 88 | POP | FP, SP, 4 | |
| 92 | POP | LNK, SP, 12 | pop link and parameters |
| 96 | RET | 0, 0, 31 | |

# 12.5  Standardprozeduren

Die meisten Programmiersprachen bieten gewisse Prozeduren und Funktionen an, ohne daß diese explizit vereinbart werden müßten. Sie sind gleichsam vordefiniert (predeclared) und überall aufrufbar (pervasive). Es sind dies allgemein bekannte Funktionen, wie z. B. der Absolutwert einer Zahl (ABS), Konversionsfunktionen

(ENTIER, ORD) oder häufig vorkommende Anweisungen, die eine Abkürzung verdienen und auf den meisten Rechnern als elementare Operationen angeboten werden (INC, DEC). Die Eigenschaft, die diesen sogenannten *Standardprozeduren* gemeinsam ist, besteht darin, daß sie einer bestimmten Rechnerinstruktion oder einer kurzen Folge von Instruktionen direkt entsprechen. Daher werden diese Prozeduren auch gesondert behandelt, indem kein Aufruf erzeugt wird, sondern indem die Instruktionen direkt in den Code eingelagert werden. Diese Prozeduren heißen daher auch *Inline-Prozeduren*, eine Bezeichnung, die nur verständlich ist, wenn man die Implementierung kennt.

Als Folge davon ist es vorteilhaft, Standardprozeduren als gesonderte Objekt-Klasse zu bezeichnen. Damit wird die Notwendigkeit der Spezialbehandlung beim Verarbeiten einer Anweisung sogleich ersichtlich. Für Oberon-0 postulieren wir die Prozeduren *Read*, *Write*, *WriteHex*, und *WriteLn*, mit denen wir einige elementare Operationen zur Dateneingabe und Ausgabe einbringen und gleichzeitig deren Implementation als vordefinierte Prozeduren zeigen. In diesem Fall ist die Bezeichnung *Standard* allerdings irreführend, während *Inline*-Prozedur den Kern der Sache trifft. Die Einträge in der Symboldatei werden bei der Initialisierung des Compilers vorgenommen, und zwar in einem eigenen Scope, genannt *universe*, welches stets offen bleibt (siehe Anhang). Die neue Klassenbezeichnung heißt *SProc*, und das Attribut *val* (*a* bei Items) identifiziert die einzelne Prozedur.

```
IF sym = ident THEN
    find(obj); Get(sym); MakeItem(x, obj); selector(x);
    IF sym = becomes THEN ...
    ELSIF x.mode = Proc THEN ...
    ELSIF x.mode = SProc THEN
        IF obj.val <= 3 THEN param(y); TestInt(y) END ;
        IOCall(x, y)
    ...

PROCEDURE IOCall(VAR x, y: Item);
    VAR z: Item;
BEGIN (*x.mode = SProc*)
    IF x.a = 1 THEN (*Read*)
        GetReg(z.r); z.mode := Reg; z.type := intType; Put(RD, z.r, 0, 0); Store(y, z)
    ELSIF x.a = 2 THEN (*Write*) load(y); Put(WRD, 0, 0, y.r); EXCL(regs, y.r)
    ELSIF x.a = 3 THEN (*WriteHex*) load(y); Put(WRH, 0, 0, y.r); EXCL(regs, y.r)
    ELSE (*WriteLn*) Put(WRL, 0, 0, 0)
    END
END IOCall;
```

Als Beispiel zeigen wir eine Folge von drei Anweisungen und den daraus erzeugten Code:

Read(x); Write(x); WriteLn

```
 4   READ   1, 0, 0
 8   STW    1, 0, -4          x
12   LDW    1, 0, -4          x
16   WRD    0, 0, 1
32   WRL    0, 0, 0
```

# 12.6. Funktionsprozeduren

Eine Funktionsprozedur ist eine Prozedur, deren Name zugleich für einen Algorithmus und für dessen Resultat steht. Ihre Aktivierung erfolgt nicht durch eine Anweisung, sondern durch einen Faktor in einem Ausdruck. Zum eigentlichen Prozeduraufruf kommt jetzt noch die Aufgabe hinzu, den Funktionswert als Resultat zurückzuliefern, und es stellt sich sogleich die Frage, mit welchen Ressourcen dies erfolgen soll.

Wenn man als Ziel die Erzeugung effizienten Codes im Auge behält und daher mit möglichst wenigen Speicherzugriffen auskommen will, drängt sich ein Register als Zwischenspeicher für den Resultatwert nachgerade auf. Dann muß man allerdings mit der Einschränkung vorlieb nehmen, daß Funktionsprozeduren auf Typen beschränkt werden, deren Werte mit einem Register darstellbar sind. Dies sind im wesentlichen die skalaren Standardtypen wie INTEGER und REAL. In diesem Fall wird üblicherweise stets ein bestimmtes Register als Resultathalter postuliert.

Kann man sich mit der erwähnten Einschränkung nicht zufrieden geben, so ist für das Resultat ein Platz im Stack vorzusehen. Üblicherweise wird er in den Parameterbereich eingebunden, da das Resultat gleichsam auch als Parameter, nämlich als Resultat-Parameter, angesehen werden kann. Der Stackpointer wird dementsprechend vor der Ausgabe des ersten aktuellen Parameterwertes erhöht.

Damit sind alle Konzepte erklärt, die in der Sprache Oberon-0 enthalten und im Oberon-0-Compiler implementiert sind, der im Anhang vollumfänglich gezeigt wird.

# 13 Elementare Datentypen

## 13.1 Die Typen REAL und LONGREAL

Bereits 1959 wurde in *Fortran* bewußt zwischen ganzzahligen und reellen Variablen unterschieden. Dies nicht nur, weil für die beiden Typen unterschiedliche interne Darstellungen verwendet werden, sondern weil dem Programmierer klar sein muß, wann exakt (ganzzahlig) und wann näherungsweise (reellwertig) gerechnet werden soll. Daß mit reellen Werten nur näherungsweise gerechnet werden kann, geht daraus hervor, daß reelle Zahlen durch ganze Zahlen mit fixer Stellenzahl dargestellt werden. Dieser Typ heißt REAL, und ein reeller Wert ist folgendermaßen definiert:

$$x = B^{e-w} * m \qquad\qquad 1 \le m < B$$

Diese Form nennt man *Gleitkommadarstellung (floating point)*. *e* heißt *Exponent* und *m Mantisse*. Die Basis *B* und der »Bias« *w* sind fixe Werte, die die Darstellung kennzeichnen. Die zwei *IEEE-Standards* zur Definition von Gleitkommadarstellungen verwenden folgende Werte, wobei neben den Komponenten *e* und *m* noch ein Bit *s* für das Vorzeichen eingesetzt wird:

| Typ | B | w | Anzahl Bits für e | Anzahl Bits für m |
|---|---|---|---|---|
| REAL | 2 | 127 | 8 | 23 |
| LONGREAL | 2 | 1023 | 11 | 52 |

Die genauen Darstellungen, die wir mit REAL und LONGREAL bezeichnen, sind gegeben durch

$$x = (-1)^s * 2^{e-127} * 1.m \qquad\qquad x = (-1)^s * 2^{e-1023} * 1.m$$

Einige Zahlenbeispiele mögen den Sachverhalt für den Typ REAL veranschaulichen:

| *dezimal* | *s e* | *1.m* | *binär* | *hexadezimal* |
|---|---|---|---|---|
| 1.0 | + 127 | 1.0 | 00111111100000000000000000000000 | 3F80 0000 |
| 0.5 | + 126 | 1.0 | 00111111000000000000000000000000 | 3F00 0000 |
| 2.0 | + 128 | 1.0 | 01000000000000000000000000000000 | 4000 0000 |
| 10.0 | + 130 | 1.25 | 01000001001000000000000000000000 | 4120 0000 |
| 0.1 | + 123 | 1.6 | 00111101110011001100110011001101 | 03DC CCCD |
| -1.5 | - 127 | 1.5 | 10111111110000000000000000000000 | BFC0 0000 |

Für den Typ LONGREAL mögen zwei Beispiele genügen:

| | | | | |
|---|---|---|---|---|
| 1.0 | + 1023 | 1.0 | 0011111111110000000 ... 00000000 | 3FF0 0000 0000 0000 |
| 0.1 | + 1019 | 1.6 | 0011111101110011001 ... 10011010 | 3FB9 9999 9999 999A |

Inhärent in der Darstellung mit Exponent ist, daß es eigentlich keine 0 gibt. Der Wert 0 muß als Spezialfall eingeführt werden und ist durch lauter 0-Bits dargestellt. Als Spezialfall stellt er auch numerisch eine Besonderheit und Diskontinuität dar. Ferner postulieren die IEEE-Standards, daß Werte mit $e = 0$ (und $m \neq 0$) und $e = 255$ (resp. $e = 1023$) nicht als gültige Zahlen angesehen werden. Man nennt diese Werte *NaN* (not a number).

Im Normalfall braucht sich der Programmierer über diese Spezifikationen keine Ge-danken zu machen, und auch den Compilerbauer betreffen sie nicht. Der Typ REAL stellt einen abstrakten Datentyp dar, der oft in der Computerhardware integriert ist, indem eigene Operationen zur Verfügung stehen, die sich auf diese Darstellung be-ziehen. Sind diese komplett, enthalten sie also alle arithmetischen Grundoperationen, so kann die Darstellungsweise als versteckt angenommen werden, da sich keine zu programmierenden Operationen auf die exakte Darstellungsweise abstützen sollen. Bei manchen Rechnerarchitekturen operieren die Befehle für Gleitkomma-Operanden auf eigenen Registern. Der Grund dafür ist, daß oft separate Bauteile, sogenannte *Floating-point units* (FPU), eingesetzt werden, welche die Schaltungen für die Gleit-komma-Operatoren und eben auch die zugehörigen Register enthalten.

# 13.2 Kompatibilität zwischen numerischen Datentypen

Die Werte aller Variablen numerischer Typen sind Zahlen. Es gibt daher keinen auf der Hand liegenden Grund, nicht alle numerischen Typen als zuweisungskompatibel zu erklären. Wie aber bereits besprochen, sind Zahlen verschiedener Typen rechnerintern auf verschiedene Weise dargestellt. Wird also ein Wert eines Ausdrucks vom Typ T0 einer Variablen vom Typ T1 zugewiesen, so ist eine Umwandlung der internen Darstellung erforderlich, die zwangsläufig eine gewisse Zeit braucht. Es erhebt sich damit die Frage, ob diese Tatsache dem Programmierer verborgen bleiben soll oder ob er durch gewisse Sprachregeln darauf aufmerksam gemacht werde. Letzteres geschieht, indem die verschiedenen numerischen Typen als inkompatibel erklärt und explizite Konversionsfunktionen zur Verfügung gestellt werden.

In jedem Fall gehören zur postulierten Vollständigkeit des Befehlssatzes des Zielrechners auch Operationen, die einen Wert von einer Darstellung in eine andere überführen, also z.B. von der ganzzahligen in die Gleitkommadarstellung und umgekehrt. Man nennt sie *Konversionsoperationen*.

In der Sprache Oberon ist es gestattet, in Ausdrücken numerische Operanden verschiedener Typen einzusetzen. Man nennt solche Ausdrücke *gemischt*. In diesem Fall muß der Compiler implizite Konversionsbefehle einstreuen, die den Operanden in die Form des Resultats überführen, bevor er verknüpft wird.

Die Definition von Oberon sieht nicht nur zwei, sondern eine ganze Reihe von numerischen Typen vor. Unter ihnen besteht eine Ordnung, so daß der mächtigere Typ die Werte des untergeordneten enthält (*type inclusion*):

$$\text{LONGREAL} \supseteq \text{REAL} \supseteq \text{LONGINT} \supseteq \text{INTEGER} \supseteq \text{SHORTINT}$$

Der Resultattyp ist dann gleich dem mächtigeren der beiden Operanden, womit die nötige Konversion bestimmt ist.

Auch bei der Zuweisung sind gewisse Freiheiten, d.h. Abweichungen von der strikten Regel, daß der Typ des zugewiesenen Wertes gleich dem Typ der Variablen sei, gestattet. Es wird postuliert, daß der Typ der Variablen den Typ des Ausdrucks enthalten muß. Die folgenden Fälle sind daher korrekt:

```
VAR i, j: INTEGER; k: LONGINT; x, y: REAL; z: LONGREAL;
```

| | | |
|---|---|---|
| i := j; | INTEGER $\supseteq$ INTEGER | (keine Konversion) |
| k := i | LONGINT $\supseteq$ INTEGER | (INTEGER to LONGINT) |
| z := x; | LONGREAL $\supseteq$ REAL | (REAL to LONGREAL) |
| x := i; | REAL $\supseteq$ INTEGER | (INTEGER to REAL) |

Einfach und effizient sind Konversionen zwischen ganzzahligen Typen, denn sie erfordern lediglich die Ausbreitung des Vorzeichen-Bits (sign extension). Viel komplizierter ist die Umwandlung eines ganzzahligen in einen gebrochenen Typ. Sie besteht aus der Normalisierung der Mantisse, so daß $1 \leq m < 2$, und dem Packen von Vorzeichen, Exponent und Mantisse in ein Wort. Normalerweise steht dafür eine Instruktion zur Verfügung.

Ist hingegen der Typ des Ausdrucks mächtiger als derjenige der Variablen, so ist die Zuweisung nicht immer möglich; der Wert des Ausdrucks könnte zu groß (oder zu klein) sein. Daher ist zur Laufzeit ein Bereichstest (range check) mit anschließender Konversion nötig, wobei es sinnvoll ist, diesen Umstand in Programmen sichtbar zu machen. Dies geschieht am einfachsten durch die Einführung von expliziten Konversionsfunktionen, von denen Oberon die folgenden anbietet:

| | | | |
|---|---|---|---|
| SHORT | INTEGER to SHORTINT | LONGINT to INTEGER | LONGREAL to REAL |
| ENTIER | REAL to LONGINT | LONGREAL to LONGINT | |

*Anmerkung*:
Die Funktion ENTIER(x) liefert die größte ganze Zahl, die nicht größer als $x$ ist.

Die Regeln von Oberon betreffend Typenkompatibilität sind zwar einfach und leicht erklärbar, doch bergen sie auch eine Tücke. Im Fall einer Multiplikation zweier Ausdrücke vom Typ INTEGER (oder REAL) wird man in gewissen Fällen gerne erwarten, daß das Produkt als LONGINT (resp. LONGREAL) anfällt. Die Zuweisungen

$$k := i * j + k \qquad\qquad z := x * y + z$$

berechnen das Produkt als INTEGER (bzw. REAL), d. h. mit geringer Stellenzahl, um es danach der LONGINT- bzw. LONGREAL-Variablen zuzuweisen. Die Produktberechnung mit größerer Stellenzahl wird erreicht, indem die Ausweitung der Faktoren vor ihrer Multiplikation explizit gefordert wird:

$$k := LONG(i) * LONG(j) + k \qquad z := LONG(x) * LONG(y) + z$$

Die Einfachheit der Kompatibilitätsregeln ist für den Compilerbauer jedoch ein klarer Vorteil. Das Prinzip ihrer Verarbeitung ist vorgegeben. Es brauchen lediglich die Compiler-Prozeduren für Ausdrücke (expression, term) und Zuweisungen angepaßt zu werden, indem Fallunterscheidungen eingeführt werden. Je größer die Anzahl der numerischen Typen, desto mehr blähen sich aber die Fallunterscheidungen auf.

# 13.3 Der Datentyp SET

Dateneinheiten in Rechnern bestehen aus einer Anzahl Bits, die verschieden interpretierbar sind, wie z.B. als Zahlen mit oder ohne Vorzeichen oder als logische Daten (Bitfolgen). Die Frage, wie Bitfolgen in höheren Programmiersprachen geeignet einzubringen sind, blieb lange offen. Der Vorschlag, sie als *Mengen* zu betrachten, stammt von C. A. R. Hoare [Hoa72].

Attraktiv an diesem Vorschlag ist, daß die Menge eine mathematisch wohlbekannte Abstraktion ist und daß die Repräsentation einer Menge durch ihre *charakteristische Funktion F* auf der Hand liegt. Ist x eine Menge von Elementen aus der Grundmenge M, so ist F(x) die Folge von Wahrheitswerten $b_i$ mit der Bedeutung »i ist in x enthalten«. Wird ein Speicherwort (mit N Bits) als Einheit des Typs SET gewählt, so ergibt sich die Tatsache, daß die Grundmenge aus den Zahlen 0 bis N-1 besteht. Diese ist meistens so klein, daß der Anwendungsbereich dieses Datentyps eher beschränkt bleibt; dafür lassen sich die Grundoperationen der Vereinigung, des Durchschnitts und der Differenz äußerst effizient realisieren. Beispiele für die Darstellung von SET-Werten durch eine Folge von 32 Bits sind:

| x | 31 | ... | 7 6 5 4 3 2 1 0 |
|---|---|---|---|
| {0, 2, 4, 6 ...} | 0 | ... | 0 1 0 1 0 1 0 1 |
| {0, 3, 6 ...} | 0 | ... | 0 1 0 0 1 0 0 1 |
| { } | 0 | ... | 0 0 0 0 0 0 0 0 |

Die in Oberon angebotenen Mengenoperationen lassen sich effizient durch logische Operationen an der gewählten Darstellung realisieren. Die Begründung dafür liegt in folgenden Gleichungen, wobei die Oberon-Schreibweise für Mengenoperatoren verwendet wird, d.h. x+y für x∪y und x∗y für x∩y:

$\forall i ((i \in x{+}y ) \equiv (i \in x) \ \text{OR} \ (i \in y))$     Vereinigung     union
$\forall i ((i \in x{*}y ) \equiv (i \in x) \ \& \ (i \in y))$     Durchschnitt     intersection
$\forall i ((i \in x{-}y ) \equiv (i \in x) \ \& \ {\sim}(i \in y))$     Differenz     difference
$\forall i ((i \in x/y ) \equiv (i \in x) \neq (i \in y))$     symmetrische Differenz

Offenbar läßt sich für die Vereinigung die OR-, für den Durchschnitt die AND-, für die Differenz die BIC- und für die symmetrische Differenz die XOR-Instruktion verwenden. Da diese die Operation gleichzeitig an allen N Bits ausführen, wird die Mengenoperation sehr effizient. Beispiele mit der Grundmenge {0, 1, 2, 3} sind:

| $\{0, 1\} + \{0, 2\} = \{0, 1, 2\}$ | 0011 OR     0101 = 0111 |
|---|---|
| $\{0, 1\} * \{0, 2\} = \{0\}$       | 0011 &      0101 = 0001 |
| $\{0, 1\} - \{0, 2\} = \{1\}$       | 0011 &    ~ 0101 = 0010 |
| $\{0, 1\} / \{0, 2\} = \{1, 2\}$    | 0011 XOR  0101 = 0110 |

Als Beispiel zeigen wir den Code für den Ausdruck  $(a + b) * (c + d)$:

```
LDW    1, a
LDW    2, b
OR     1, 1, 2
LDW    2, c
LDW    3, d
OR     2, 2, 3
AND    1, 1, 2
```

Ob ein Element i in einer Menge x enthalten ist, wird durch einen Bit-Test implementiert. Falls diese Operation nicht vorhanden ist, muß eine Verschiebung mit nachfolgendem Bit-Test an fixer Position (z. B. Vorzeichen) verwendet werden.

Der Typ SET ist besonders nützlich, wenn sich dessen Grundmenge über die (Ordinalzahlen von) Zeichen (Typ CHAR) erstreckt. Die Effizienz wird dabei leider empfindlich geschmälert, weil zur Darstellung einer solchen Variablen volle 256 Bits (32 Bytes) nötig sind. Selbst in einem 32-Bit-Rechner sind daher zur Berechnung einer Mengenfunktion 8 logische Instruktionen nötig.

# 14 Offene Arrays, Pointer und Prozedurtypen

## 14.1 Offene Arrays

Unter einem offenen Array verstehen wir einen Array-Parameter, dessen Länge zur Kompilierungszeit unbekannt (offen) ist. Hier treffen wir erstmals den Umstand an, daß die Größe des belegten Speicherplatzes nicht vorliegt. Relativ einfach ist die Lösung im Fall eines Referenz-Parameters, da hier gar kein Speicher alloziert werden muß, sondern lediglich eine Referenz zum aktuellen Parameter übergeben wird.

Relativiert wird diese Aussage dadurch, daß bei Zugriffen auf Elemente die Array-Länge bekannt sein muß, um Indexgrenzen zu überprüfen. Daher wird in diesem Fall neben der Adresse des aktuellen Arrays auch seine Länge übergeben. Im Fall von mehrdimensionalen offenen Arrays wird sie auch zur Berechnung von Elementadressen benötigt. Hier wird für jede Dimension deren Länge übergeben. Man nennt die Einheit, bestehend aus Adresse und Länge(n), einen *Array-Deskriptor*. Beispiel:

```
VAR a: ARRAY 10 OF ARRAY 20 OF INTEGER;

PROCEDURE P(VAR x: ARRAY OF ARRAY OF INTEGER);
BEGIN k := x[i]
END P;

P(a)
```

Der Stack erhält einen Eintrag mit drei Worten (siehe Abb. 14.1), und der Code für den Aufruf ergibt sich zu:

```
ADDI    1, 0, 20        R1 := 20
PSH     1, 30, 1        push len
ADDI    1, 0, 10        R1 := 10
```

```
STW     1, 30, 1        push len
ADDI    1, 0, a         R1 := adr(a)
STW     1, 30, 1        push adr
BSR     P               call
```

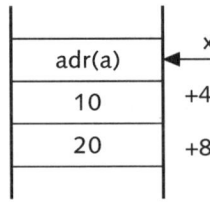

*Abb. 14.1: Array-Deskriptor für offenen Array-Parameter*

Ist ein offener Array als Wertparameter spezifiziert, so bedeutet dies wie bei skalaren Werten, daß der Wert des aktuellen Parameters in den für den formalen Parameter vorgesehenen Speicher kopiert werden muß. Diese Operation kann unter Umständen aufwendig sein, da sie viele Speicherzugriffe erfordert. Bei strukturierten Variablen sollte daher stets die VAR-Option verwendet werden, außer wenn eine Kopie wirklich nötig ist.

Sicher wird die Kopieroperation mit Vorteil nicht auf der Seite des Aufrufs, sondern im Kopf (Prolog) der Prozedur angesiedelt. Damit ergibt sich für die Parameterübergabe dieselbe Codefolge wie bei VAR-Parametern mit dem einzigen Unterschied, daß beim VAR-Parameter die Kopieroperation entfällt.

Da die Größe des Arrays bei der Kompilierung unbekannt ist, wird im Parameterbereich nur Platz für den Array-Deskriptor reserviert. Der Platz für die Kopie muß zwangsläufig am Ende des Stacks reserviert werden. Vor dem Kopieren wird der Stackpointer SP um die jetzt bekannte Größe erniedrigt. Liegt ein mehrdimensionaler Array vor, so wird die Größe als Produkt der einzelnen Längen berechnet.

Hier wird deutlich, daß SP zur Laufzeit um Beträge verändert wird, die bei der Kompilierung unbekannt sind. Deshalb ist es nicht möglich, im allgemeinen Fall mit einem einzigen Adreßregister (SP), d. h. ohne den Frame-Pointer FP, auszukommen.

# 14.2  Dynamische Datenstrukturen und Pointer

Die beiden vorgegebenen Strukturformen von Datentypen in Oberon sind der Array (alle Elemente von gleichem Typ, *homogen*) und der Record (*heterogen*). Komplexere Strukturen werden individuell programmiert, d.h., sie entstehen während des Programmablaufs, und sie werden daher *dynamisch* genannt. Dabei werden die Komponenten einer Struktur einzeln erzeugt, d.h., Speicher wird für jede Komponente einzeln vergeben. Die Komponenten liegen im Speicher nicht (notwendigerweise) nebeneinander, sondern Beziehungen zwischen Komponenten werden durch *Pointer* (Zeiger, Verweise) explizit ausgedrückt.

Zur Implementierung dieses Konzepts ist ein Mechanismus Vorbedingung, der die dynamische Vergabe von Speicher bewerkstelligt. Dieser ist in Oberon durch die Standardprozedur *NEW(x)* verkörpert. Sie vergibt Speicher für eine Variable und weist den Pointer auf diese Variable x zu. Daraus folgt zwingend, daß Pointer nichts anderes als *Adressen* sind. Der Zugriff zu einer mittels Pointer referenzierten Variablen erfolgt daher indirekt wie bei VAR-Parametern. (In der Tat stellt ein VAR-Parameter einen versteckten Zeiger dar.) Beispiel:

```
TYPE
  X  =  POINTER TO XDesc;
  XDesc  =  RECORD x, y: LONGINT END;

VAR a, b: X;
```

Der Code für die Zuweisung *a.x := b.y* mit Zugriffen via Pointer *a* und *b* lautet dann:

```
LDW    1, FP, b      R1 := b
LDW    2, 1, y       R2 := b.y
LDW    3, FP, a      R3 := a
STW    2, 3, x       a.x := R2
```

Der Übergang von der verweisenden Pointer-Variablen zur verwiesenen Record-Variablen wird *Dereferenzierung* genannt. Der explizite Dereferenzierungsoperator wird in Oberon mit ↑ bezeichnet. *a.x* ist daher eine Abkürzung für *a↑.x*. Die implizite Dereferenzierung ist dann dadurch erkennbar, daß dem Selektor (Punkt) nicht ein Record, sondern ein Pointer vorangeht.

Jedem, der einmal Programme erzeugt hat, die mit Adressen umgehen, ist bekannt, wie leicht es ist, Fehler mit katastrophalen Auswirkungen zu begehen. Wir betrachten dazu das folgende kurze Beispiel:

```
TYPE
    T0 = RECORD x, y : LONGINT END;
    T1 = RECORD x, y, z : LONGINT END;
```

Nun seien *a* und *b* Pointer-Variablen; *a* zeige auf einen Record vom Typ *T0, b* auf eine vom Typ *T1*. Dann liefert z. B. der Bezeichner *a.z* einen nicht definierten Wert einer nicht existierenden Variablen, und *a.z := b.x* speichert an einen undefinierten Ort. Das Problem löst sich elegant, indem Pointer an feste Typen *gebunden* werden, denn dadurch wird die *Validierung zur Kompilierungszeit* möglich. Diese Idee stammt von C.A.R. Hoare und wurde erstmals in Algol W angewendet [Hoa72]. Man nennt den Typ, an welchen ein Pointer gebunden wird, seinen *Basistyp*.

```
TYPE
    P0 = POINTER TO T0;
    P1 = POINTER TO T1;
```

Der Compiler kann jetzt überprüfen und garantieren, daß jeder Pointer-Variablen nur NIL oder Werte zugewiesen werden, die auf Variablen seines Basistyps verweisen. (NIL gehört definitionsgemäß zu allen Pointertypen.) So wird *a.z* als inkorrekt entdeckt, da *z* kein Feld des an *a* gebundenen Records vom Typ *T0* ist. Falls jede Pointer-Variable mit NIL initialisiert wird, kann sich eine Implementierung vor jeder Dereferenzierung darauf beschränken, zur Laufzeit zu prüfen, ob der Pointerwert NIL sei, d. h., ob der Pointer auf *keine* Variable zeige.

Ein solcher Test ist zwar sehr einfach, doch wegen seiner Häufigkeit trotzdem effizienzmindernd. Eine explizite Befehlsfolge dazu kann vermieden werden mit dem Trick, den Speicherschutzmechanismus dafür zu mißbrauchen. Zwar wird dann nicht richtigerweise geprüft, ob *a* = NIL, sondern lediglich, ob *a.z* eine gültige, nicht geschützte Adresse sei. Wird wie üblich NIL = 0 gewählt, und werden Zugriffe auf Adressen 0 ... *N*-1 verboten, so werden Dereferenzierungen mit Offsets $0 \leq z < N$ abgefangen, wenn *a* = NIL, nicht jedoch solche auf Felder *z* mit Offsets größer als *N*. Trotzdem scheint diese Maßnahme in der Praxis zu genügen.

Die Präsenz von Pointertypen verlangt im Compiler sowohl eine neue Klasse von Objekten in der Symboltabelle als auch einen weiteren Modus für die Charakterisierung von Items. Ihm entspricht die *indirekte Adressierung*. Da schon bei VAR-Parametern Indirektion erforderlich ist, wird natürlich derselbe Item-Modus verwendet, doch erscheint die Bezeichnung *Ind* geeigneter als *Par*.

| Designator | Modus | |
|---|---|---|
| x | Var | direkte Adressierung |
| x↑ | Ind | indirekte Adressierung |
| x↑.y | Ind | indirekte Adressierung mit Offset |

Der meistens implizite Dereferenzierungsoperator ↑ verwandelt also den Modus eines Items von *Var* zu *Ind*. Wir fassen zusammen:

1. Das Pointer-Konzept fügt sich nahtlos in unsere Typenüberprüfung ein: Jeder Pointertyp weist einen *Basistyp* auf.

2. x↑ bedeutet Dereferenzierung, dargestellt durch indirekte Adressierung.

3. Pointer (Zeiger) sind typensicher, wenn ein NIL-Test bei der Dereferenzierung zur Laufzeit vorgenommen wird und wenn Pointer-Variablen mit NIL initialisiert sind.

Die *Allokation* von Variablen, die durch Pointer referenziert werden, geschieht durch Aufruf der Prozedur NEW. Wir *postulieren* deren Existenz im Betriebssystem. Der Speicherbedarf ist durch den Typ des Parameters von NEW($p$) gegeben, nämlich durch die Größe des Basistyps von $p$.

Wie steht es aber mit der Speicherrückgabe? Diese ist zwar für (abstrakte) Programme an sich belanglos, in realen Systemen (mit endlichem Speicher) aber unerläßlich. In modernen Systemen wird die Speicherrückgewinnung mit einem »Garbage Collector« vorgenommen. Es gibt verschiedene Prinzipien der Rückgewinnung, auf die hier aber nicht eingegangen werden soll. Wir beschränken uns auf die für den Compilerbauer relevante Frage, welche Angaben für die Rückgewinnung notwendig sind, damit alle nicht mehr benötigten Speicherblöcke identifiziert und freigegeben werden können. Offenbar ist eine Variable dann nicht mehr benötigt, wenn sie nicht mehr zugreifbar ist, d. h., wenn von keiner vereinbarten Pointer-Variablen mehr ein Zeigerpfad zu ihr führt. Um dies festzustellen, müssen der Speicherverwaltung folgende Daten zugreifbar sein:

1. die Größe jeder dynamisch allozierten Variablen

2. die Offsets aller Pointerfelder in dynamisch allozierten Variablen

3. die Adressen aller vereinbarten Pointer-Variablen

Diese bei der Kompilierung bekannten Angaben müssen vom Compiler in irgendeiner Weise weitergereicht werden, so daß sie zur Laufzeit der Speicherverwaltung zugänglich sind. In diesem Sinne müssen *Compiler und System integriert*, d.h. aufeinander abgestimmt sein. Unter dem System verstehen wir dabei die Speicherverwaltung mit der Vergabe-Prozedur NEW und der Rückgewinnung (garbage collector).

Um die nötigen Informationen zur Laufzeit anzubieten, vergibt die Prozedur NEW nicht nur einen Speicherblock, sondern versieht diesen Block auch mit einer Typenbeschreibung der allozierten Variablen. Natürlich reicht das einmalige Vorhandensein eines Deskriptors für einen Typ aus, und er braucht nicht für jede Instanz dupliziert zu werden. Daher wird jeder Variablen lediglich ein für den Programmierer unsichtbarer Pointer auf die Typenbeschreibung zugeordnet. Dieser Verweis heißt *type tag* und zeigt auf den zugehörigen *type descriptor* (siehe Abb. 14.2).

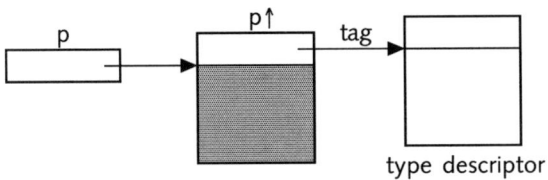

*Abb. 14.2: Pointer-Variable, referenzierte Variable und Typ-Deskriptor*

Der Typ-Deskriptor enthält die Angaben über die Größe der Variablen und die Offsets von Pointer-Feldern (siehe Abb. 14.3).

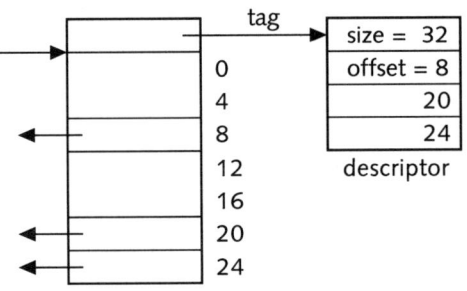

*Abb. 14.3: Variable mit Typ-Deskriptor*

Der Typ-Deskriptor ist offenbar eine reduzierte Form der Typenbeschreibung, die nur die für die Speicherrückgewinnung relevanten Daten enthält. Das vorgestellte Konzept hat folgende Konsequenzen:

1. Für jeden Typ muß der Compiler einen Deskriptor konstruieren und diesen im Objekt-File einfügen.

2. Die Prozedur NEW(p) erhält zusätzlich zur Adresse von *p* einen versteckten Parameter, nämlich die Adresse des Deskriptors des Basistyps von *p*.

3. Der Programm-Lader muß die Typeninformationen im Objekt-File interpretieren und Deskriptoren erzeugen.

Dies allein genügt aber noch nicht. Um Datenstrukturen durchlaufen zu können, müssen zuvor deren Wurzeln bekannt sein. Daher wird im Objekt-File eine Liste aller deklarierten Pointer-Variablen eingefügt, die beim Laden in den Speicher kopiert wird. Dazu gehören notabene auch die versteckten Pointer, die auf die Typ-Deskriptoren verweisen. Damit nicht für jeden vorkommenden Datentyp ein Deskriptor konstruiert, dem Objekt-File beigefügt und vom Lader alloziert werden muß, beschränkt Oberon Pointerbasistypen auf Records (und Arrays). Dies ist auch in Hinsicht auf die Verwendung von Pointern und dynamischen Strukturen sinnvoll.

# 14.3  Prozedurtypen

Falls in einer Sprache Prozeduren als Parameter oder als Werte von Variablen auftreten können, wird es nötig, *Prozedurtypen* einzuführen. Welches sind die Charakteristiken eines solchen Typs, der Werte also, die ein Parameter oder eine Variable des Typs annehmen kann?

Prozedurtypen sind eigentlich schon seit Algol 60 im Gebrauch. Sie treten dort allerdings nur implizit auf. Ein Parameter kann in Algol 60 eine Prozedur bezeichnen *(formale Prozedur)*. Sein Typ allerdings ist nicht angezeigt; es ist lediglich bekannt, daß es sich um eine Prozedur resp. eine Funktion handelt. Die Typenspezifikation ist unvollständig und stellt eine Achillesferse in jeder Algol-Implementierung dar. Dies wurde in Pascal als Konzession an die Algol-Kompatibilität beibehalten. Erst in Modula-2 wird eine typensichere Spezifikation gefordert, und neben Parametern sind auch Variablen mit Prozedurtypen zugelassen. Somit sind Prozedurtypen anderen Datentypen gleichgestellt. Oberon übernimmt diesbezüglich die Konzepte von Modula-2 [Wir82].

Worin besteht nun diese typensichere Spezifikation, die auch *Signatur* genannt wird? Es sind dies alle Angaben, die nötig sind, um beim Aufruf die Korrektheit und Kompatibilität zwischen aktuellen und formalen Parametern zu gewährleisten, nämlich die Anzahl der Parameter, der Typ jedes Parameters, die Art jedes Parameters

(Wert oder Referenz) und der Typ des Resultats bei Funktionsprozeduren. Ein Beispiel möge dies veranschaulichen:

```
PROCEDURE F(x, y : REAL): REAL;
BEGIN ...
END F

PROCEDURE H(f: PROCEDURE (u, v : REAL): REAL);
   VAR a, b: REAL;
   BEGIN  a : = f(a + b, a - b)
END H
```

Bei der Kompilierung der Vereinbarung von H wird geprüft, ob Typenkompatibilität zwischen a+b und u resp. zwischen a-b und v bestehe und ob der Typ von f an a zuweisbar sei. Beim Aufruf H(F) wird die Kompatibilität zwischen den Parametern und dem Resultattyp des aktuellen F und des formalen f überprüft, d.h. zwischen x und u resp. zwischen y und v. Man beachte, daß die Namen u und v nirgends im Programm vorkommen, außer als Namen der formalen Parameter der formalen Prozedur f. Sie sind daher eigentlich überflüssig, aber gleichsam als Kommentare nützlich.

Pascal, Modula und Oberon legen der Kompatibilität Namensgleichheit der Typen zugrunde. Hier wird davon abgewichen, indem strukturelle Gleichheit genügt. Ansonsten müßte der Typ (die Signatur) jeder Prozedur einen expliziten Namen tragen, was als zu umständlich angesehen wird. Die Regel der strukturellen Kompatibilität bedingt allerdings, daß der Compiler fähig ist, zwei Parameterlisten zu vergleichen.

Eine Prozedur kann also einer Variablen zugewiesen werden, falls die Parameterlisten übereinstimmen. Sie wird aktiviert, indem die Variable referenziert wird. Der Aufruf ist damit gleichsam indirekt. Dies ist die Grundlage der objektorientierten Programmierung. Hier sind Prozeduren an Felder von Record-Variablen, genannt *Objekte*, gebunden, und sie heißen dann *Methoden*. Zusätzlich gilt, daß Methoden, einmal vereinbart und an einen Objekttyp gebunden, nicht verändert werden können. Diese Methoden-Felder sind also schreibgeschützt (read-only), und allen Instanzen eines Typs (einer Klasse) sind dieselben Methoden zugeordnet.

Die Implementierung von Prozedurtypen und damit auch von Methoden erweist sich als denkbar einfach, wenn man von den Maßnahmen im Compiler zur Typenprüfung einmal absieht. Der Wert einer Variablen mit Prozedurtyp ist einfach die Adresse der ihr zugewiesenen Prozedur. Allerdings muß hier in Kauf genommen werden, daß *nur global deklarierte Prozeduren* zugewiesen werden können, also solche, denen nicht noch ein Kontext mitgegeben werden muß. Diese leicht zu akzeptierende Regel wird an folgendem Beispiel erklärt, welches die Einschränkung mißachtet. Bei der Ausführung von Q alias v fehlt der Kontext, der die Variablen a und b enthält.

```
TYPE T = PROCEDURE (u: INTEGER);

VAR v: T;  r: INTEGER;

PROCEDURE P;
  VAR a, b: INTEGER;
  PROCEDURE Q(VAR x: INTEGER);
  BEGIN x := a+b END Q;
BEGIN v := Q
END P;

... v(r) ...
```

# 15 Module und getrennte Übersetzung

## 15.1 Das Prinzip des Information-Hidings

Die Sprache Algol 60 hat das Prinzip der örtlichen Lokalität von Bezeichnern im Text und gleichzeitig der zeitlichen Begrenztheit der Existenz der bezeichneten Objekte bei der Ausführung eingeführt. Ein Sichtbarkeitsbereich wird in Algol 60 ein *Scope* genannt [Naur60], und er erstreckt sich über den *Block,* in dem ein Bezeichner vereinbart ist. Blöcke lassen sich aber gemäß ihrer Syntax schachteln, so daß die Regeln der Sichtbarkeit präzisiert werden müssen. Algol 60 postuliert, daß Bezeichner, die in einem Block B vereinbart sind, innerhalb von B sichtbar seien, und zwar auch innerhalb von Blöcken, die ihrerseits lokal zu B vereinbart sind. Die Bezeichner sind jedoch in der Umgebung von B nicht bekannt.

Aus dieser Regel schließt der Implementator, daß einer Variablen x, die lokal in B vereinbart ist, Speicher zugewiesen werden muß, sobald der Rechenprozeß mit B anfängt, und daß der Speicher wieder frei wird, sobald die Ausführung von B beendet ist, denn die lokale Variable wird dann nicht nur unsichtbar, sondern sie hört auch auf zu existieren. Es braucht also nicht unbedingt allen Variablen gleichzeitig Speicher zugeordnet zu sein.

In manchen Fällen wäre jedoch eine Fortdauer der Existenz im Unsichtbaren erwünscht. Die Variable x würde dann wieder »auftauchen«, sobald Block (oder Prozedur) B erneut aktiviert wird. Prozeduren erhielten damit gleichsam ein Erinnerungsvermögen. Dieser Spezialfall wurde in Algol 60 mit der Einführung von sogenannten *own*-Variablen berücksichtigt, doch erwies sich das Konzept als untauglich, insbesondere im Zusammenspiel mit Rekursion.

Eine elegante und eminent taugliche Lösung des own-Problems wurde um 1972 mit der Struktur des *Moduls* gefunden. Es fand Eingang in die neuen Sprachen *Modula* [Wir77] und *Mesa* [Mit78] und später unter dem Namen *Package* in die Sprache *Ada*.

Syntaktisch gleicht ein Modul einer Prozedur und besteht aus lokalen Vereinbarungen, gefolgt von Anweisungen. Im Gegensatz zu einer Prozedur wird jedoch ein Modul nicht aufgerufen, sondern sein Anweisungsteil wird ausgeführt, wenn das Modul geladen wird. Die in einem Modul deklarierten Objekte sind statisch und existieren, solange das Modul geladen bleibt. Sie sind in anderen Modulen nicht sichtbar. Die Objekte, Variablen und insbesondere Prozeduren sowie die Informationen über deren Implementierung sind versteckt. *D. L. Parnas* hat dafür den Term *Information Hiding* geprägt und ihn zu einem wesentlichen Begriff in der Software-Konstruktion werden lassen. Ebenfalls im Unterschied zu Prozeduren können beim Modul ausgewählte Bezeichner nach außen als sichtbar erklärt werden. Man sagt dann, sie seien *exportiert*.

Die own-Variable x in der Algol-Prozedur P wird jetzt, zusammen mit P, lokal im Modul M vereinbart. P wird exportiert, x hingegen nicht. In der Umgebung von M sind also sowohl die Einzelheiten der Implementierung von P als auch die Variable x unsichtbar (hidden), doch x behält seine Existenz und damit seinen Wert nach der Termination von P bei.

Der Wunsch, gewisse Größen und Einzelheiten verstecken zu können, ist dann ausgeprägt, wenn es sich um Systeme handelt, die aus Teilen bestehen, deren Aufgaben relativ klar getrennt sind, Teile also, die selber eine gewisse Komplexität erreichen. Typisch ist der Fall einer Organisation, die eine Datenstruktur »verwaltet«. Die Einzelheiten der Darstellung dieser Daten werden versteckt, und die Daten sind nur zugreifbar, indem exportierte Prozeduren aufgerufen werden. Der Programmierer des Moduls postuliert gewisse *Invarianten*, z. B. Konsistenzbedingungen, welche für die Datenstruktur gelten, und er kann garantieren, daß diese Invarianten nicht verletzt werden, weil Zugriff nur durch die von ihm selber konzipierten Prozeduren überhaupt möglich ist. Darin liegt der eigentliche Sinn des Prinzips des Information-Hidings und des Modulkonzepts.

Typische Beispiele für Module mit Information-Hiding sind der Scanner eines Compilers, der die Quelle und die lexikographische Struktur des Quelltextes versteckt, oder der Codegenerator eines Compilers, der den erzeugten Code und die Struktur des Codes und der Zielarchitektur versteckt.

# 15.2  Getrennte Übersetzung

Es ist naheliegend zu postulieren, daß Module gleich wie Prozeduren geschachtelt werden können. Diese Möglichkeit bietet z. B. die Sprache Modula-2 an. In der Praxis hat sich diese Flexibilität jedoch kaum als ertragreich erwiesen. Da Module eine gewisse Größe und Komplexität aufweisen, wenn sie sinnvoll sein sollen, reicht eine flache Modulsammlung, d.h. alle Module sind global, und ihre »Umgebung« ist das Universum.

Viel wichtiger als die Schachtelbarkeit von Modulen ist die Möglichkeit, sie *getrennt entwickeln und kompilieren* zu können. Letzteres ist ohnehin nur denkbar, wenn sie global sind. Der Grund für diesen Wunsch ist die Tatsache, daß Software nicht in einem Zug entworfen, implementiert und geprüft wird, sondern daß sie sich entwickelt, indem in Schritten Zusätze und Anpassungen gemacht werden. Man kann sagen, daß Software nicht geschrieben werde, sondern daß sie wachse. Dabei ist das Modulkonzept von zentraler Bedeutung, indem es erlaubt, einzelne Module separat weiterzuentwickeln unter Annahme konstanter Schnittstellen ihrer Importe. Die Menge der exportierten Bezeichner bildet die (syntaktische) *Schnittstelle* eines Moduls. Bleibt seine Schnittstelle unverändert, so kann die Implementierung eines Moduls verbessert (und korrigiert) werden, ohne daß Klienten Anpassungen verlangen. Darin liegt der eigentliche Sinn der getrennten Übersetzung.

Der Vorteil dieses Konzepts wird bei Entwicklungsarbeiten in der Gruppe besonders deutlich. Ist einmal eine Einigung über die Schnittstellen erzielt, so können die Gruppenmitglieder unabhängig an den ihnen zugewiesenen Modulentwicklungen arbeiten. Auch wenn sich in der Praxis erweist, daß Änderungen in den Spezifikationen der Schnittstellen nur in seltenen Fällen vermeidbar sind, so ist die Erleichterung der Arbeit durch das Modulkonzept doch unschätzbar. Die Entwicklung komplexer Systeme ist mit dem Modulkonzept untrennbar verknüpft.

Der Leser mag an dieser Stelle einwenden, daß die unabhängige Programmierung von Modulen und deren effektive Zusammenfügung durch den Programmlader, wie in Abb. 15.1. gezeigt, bereits im Zeitalter der Assembler bekannt war und deshalb keinerlei Neuigkeit darstelle.

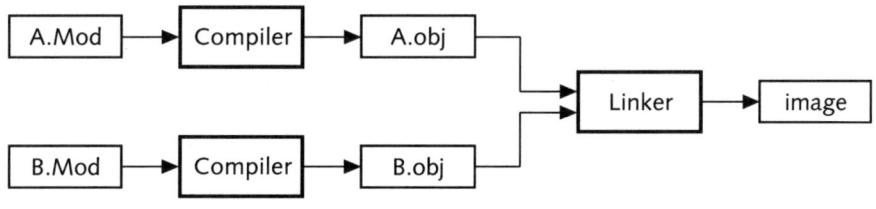

*Abb. 15.1: Unabhängige Übersetzung von Modulen A und B*

Dabei wird allerdings der zentrale Umstand außer acht gelassen, daß höhere Programmiersprachen insbesondere durch ihr Typenkonzept erhöhte Sicherheit vor Fehlern und Inkonsistenzen bieten. Dieser unschätzbare Vorteil würde sich jedoch umgehend verflüchtigen, wenn Typenprüfungen nur innerhalb von Modulen, nicht jedoch über Modulgrenzen hinweg gewährleistet würden. Dies bedeutet jedoch, daß bei einer Kompilierung Typeninformation über alle importierten Objekte vorliegen muß. Im Unterschied zur unabhängigen Kompilierung, wo diese Information nicht vorliegt, nennen wir dies *getrennte Übersetzung* (separate compilation).

Die Information über die importierten Objekte ist im wesentlichen ein Auszug aus der Symboltabelle, wie sie in Kapitel 8 bereits vorgestellt wurde. Wird dieser Auszug aus der Symboltabelle zur Abspeicherung in eine sequentielle Form gebracht, so heißt er *Symboldatei* (symbol file). Die Kompilierung eines Moduls A, welches Objekte aus Modulen $B_1 \ldots B_n$ referenziert (importiert), benötigt daher außer dem Quelltext von A auch die Symboldateien von $B_1 \ldots B_n$. Und außer dem Objektcode (*A.obj*) wird eine Symboldatei (*A.sym*) erzeugt.

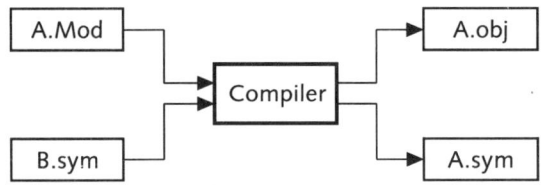

*Abb. 15.2: Getrennte Übersetzung eines Moduls A mit Import von B*

## 15.3 Implementierung von Symboldateien

Aus den bisherigen Ausführungen geht erstens hervor, daß die Kompilierung der Importliste eines Moduls dazu führt, daß für jeden Modulbezeichner die betreffende Symboldatei gelesen wird und daß die Symboltabelle mit den gelesenen Daten gleichsam initialisiert wird. Und zweitens geht daraus hervor, daß am Schluß der Kompilierung ein Auszug aus der Symboltabelle ausgegeben wird, der aus den Objekten besteht, die als exportiert markiert sind. Abb. 15.3. zeigt den relevanten Ausschnitt aus der Symboltabelle bei der Kompilierung von Modul A, das B importiert. In B sind T und f mit »*« als exportiert markiert.

Wenden wir uns zuerst der Erzeugung der Symboldatei *M.sym* eines Moduls M zu. In erster Näherung besteht die Aufgabe lediglich darin, die Daten über die zum Export markierten Symbole sequentiell auszugeben. Die Symboltabelle ist im wesentlichen eine Liste von Objekten mit Verweisen auf Typstrukturen. Diese sind Bäume.

MODULE A;

    IMPORT B;

    VAR x: B.T;

BEGIN x.f := 1; ...

END A.

MODULE B;

    TYPE T* = RECORD f*: INTEGER; ... END ;

BEGIN ...

END B.

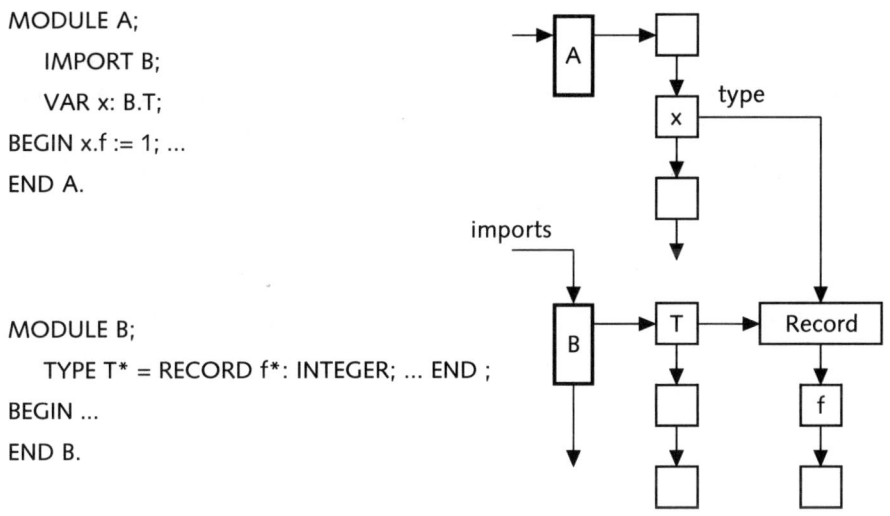

*Abb. 15.3: Symboltabelle von A mit Import aus B*

In diesem Fall eignet sich die Linearisierung der Strukturen unter Verwendung eines kennzeichnenden Präfixes, wie dies in Abb. 15.4 am Beispiel von zwei Arrays gezeigt wird.

VAR x: ARRAY 10 OF INTEGER;

    b: ARRAY 8 OF ARRAY 20 OF INTEGER

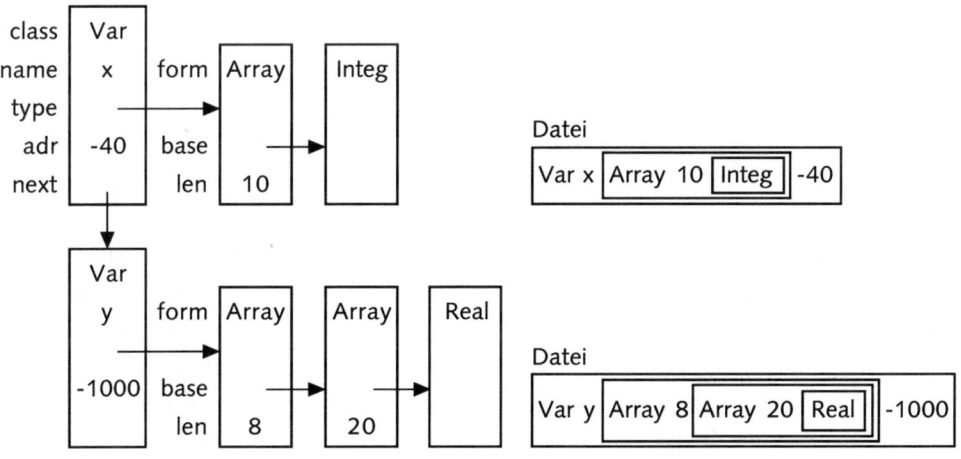

*Abb. 15.4: Sequentielle Form einer Symboltabelle mit zwei Arrays*

Eine Erschwernis besteht darin, daß jedes Objekt mindestens einen Verweis auf einen Typ enthält. Nun ist die Ausgabe eines Verweises (Pointers) in eine sequentielle Datei eine problematische Angelegenheit. Unsere Lösung besteht darin, die Daten über einen Typ nur bei seiner ersten Referenz in die Datei auszugeben, sodann den Typ zu markieren und ihm eine *Referenznummer* zuzuweisen, die in einem zusätzlichen Recordfeld des Typs *ObjectDesc* gespeichert wird. Wird der Typ wieder referenziert, so wird die Markierung erkannt und lediglich die entsprechende Nummer ausgegeben.

Mit dieser Lösung wird nicht nur die mehrfache Ausgabe derselben Typdaten vermieden, sondern es wird auch das Problem der rekursiven Verweise gelöst, wie das Beispiel in Abb. 15.5 zeigt.

TYPE P = POINTER TO R;
  R = RECORD x, y: INTEGER; next: P END

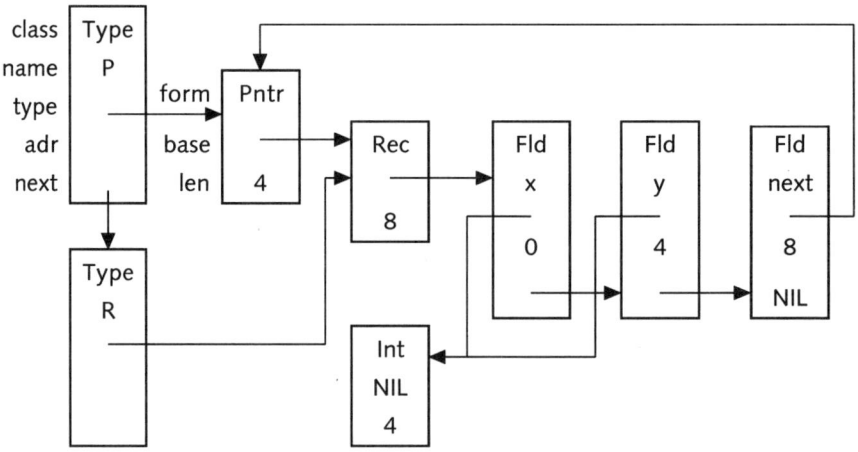

*Abb. 15.5: Zyklische Referenz bei Typknoten*

Bei der Ausgabe werden zweckmäßigerweise für Referenznummern positive Werte verwendet. Als Hinweis, daß ein Typ das erste Mal referenziert wird und daß der Nummer die eigentlichen Typdaten folgen, wird die Nummer mit negativem Vorzeichen versehen. Beim Lesen einer Symboldatei wird eine Tabelle T mit Zeigern auf die jeweiligen Typbeschreibungen aufgebaut. Ist eine Referenznummer r positiv, so ist T[r] der gesuchte Zeiger; ist r negativ, so wird die Typinformation eingelesen, und der Zeiger, der auf die neu erstellte Struktur verweist, wird T[-r] zugewiesen.

Typinformationen können, im Gegensatz zu Daten über andere Objekte, importiert und gleichzeitig weitergereicht, d. h. wieder exportiert werden. Daher ist es nötig, bei Typdaten das Modul anzugeben, aus dem der Typ stammt. Damit dies möglich ist, verwenden wir sogenannte *Modulanker*. Im Kopf jeder Symboldatei befindet sich ein Anker (Object) für jedes Modul, das reexportiert wird, d. h. auf das sich ein Typ eines exportierten Objektes bezieht. Abb. 15.6 zeigt den Sachverhalt, wo ein Modul C Module B und A importiert, wobei aus B eine Variable x importiert wird, deren Typ aus A stammt. Offensichtlich müssen für die Prüfung der Typenkompatibilität bei der Anweisung y := x die Typzeiger von x und y auf denselben Knoten verweisen.

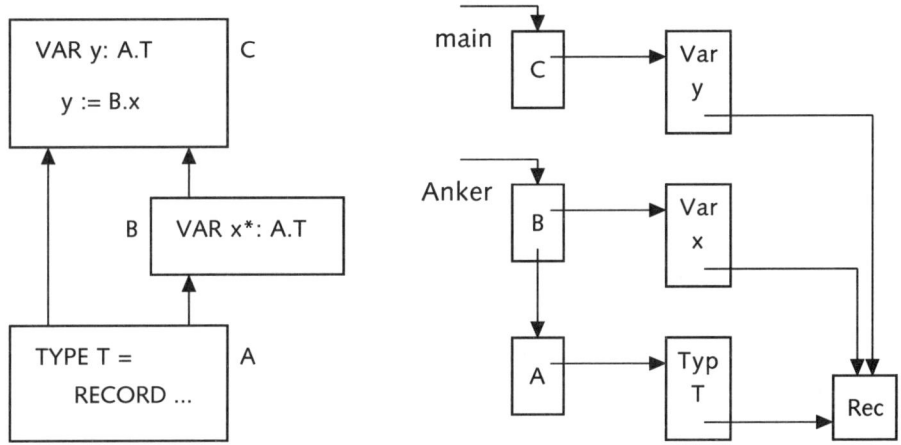

*Abb. 15.6: Reexport des Typs A.T aus Modul B*

Wird also ein Modul M kompiliert, so müssen nicht nur die Symboldateien der explizit importierten Module geladen werden, sondern auch diejenigen der Module, von denen Typen direkt oder indirekt importiert werden. Es steht zu befürchten, daß dadurch Symboldateien von ganzen Modulhierarchien geladen werden müssen, bis hinunter zu den Grundmodulen des Betriebssystems, obwohl von dort weder Prozeduren noch Variablen, sondern lediglich ein Typ importiert wird. Das Resultat ist nicht nur ein unnötiges Laden zahlreicher Daten, sondern dadurch bedingt auch eine Verschwendung von Speicherplatz. Es zeigt sich, daß die Befürchtung zwar berechtigt ist, daß jedoch die Konsequenzen weniger dramatisch sind, als anzunehmen war [Fra93]. Der Grund liegt darin, daß die so benötigten Symboldateien meistens auch aus anderen Gründen bereits vorhanden sind, daß also der Zusatzaufwand klein bleibt. Trotzdem ist zu überlegen, ob er nicht auf einfache Weise zu umgehen wäre, und erste Modula- und Oberon-Compiler haben auch tasächlich die nachfolgend beschriebene Lösung implementiert.

Die Lösung besteht darin, der Symboldatei eines Moduls M, das seinerseits Typen aus Modulen M0, M1 etc. implizit oder explizit reexportiert, die betroffenen Typenbeschreibungen in Extenso mitzugeben, um damit Referenzen auf die Sekundärmodule zu vermeiden. Diese auf der Hand liegende Lösung birgt jedoch ihre Tücken. Im Fall, der in Abb. 15.6 wiedergegeben ist, enthält also die Symboldatei von B eine vollständige Beschreibung des Typs T. Nun ist aber bei der Kompilierung der Zuweisung y := B.x festzustellen, daß die Typen von y und x dieselben sind, und zwar auf *einfache, effiziente* Art, d.h. mit einem Pointervergleich. Die Konstellation rechts in Abb. 15.6 muß daher beim Laden auch jetzt resultieren. Dies bedeutet, daß in der Symboldatei reexportierte Typen nicht nur ihr Heimatmodul angeben, sondern daß bei ihrem Laden jeweils geprüft wird, ob der Typ nicht bereits in der Symboltabelle vorhanden ist, entweder weil die Symboldatei des Moduls geladen wurde oder weil der Typ bereits in früher geladenen Modulteilen aufgetreten war.

An dieser Stelle sei noch auf eine weitere kleinere Komplikation im Zusammenhang mit Typen hingewiesen. Sie rührt davon her, daß Typen unter verschiedenen Namen auftreten können. Von dieser Möglichkeit wird zwar nur selten Gebrauch gemacht, die Sprachdefinition läßt sie aber (leider?) zu. Einigermaßen sinnvoll ist sie wirklich nur, wenn die Synonyme aus verschiedenen Modulen stammen, wie in Abb. 15.7 gezeigt.

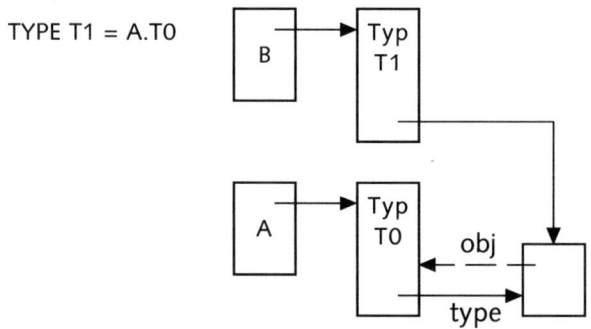

*Abb. 15.7: Typ mit synonymen Namen*

Wird T1 beim Laden der Symboldatei von B gelesen, wird festgestellt, daß B.T1 und A.T0, die auf je ein Typobjekt zeigen, sich auf denselben Strukturdeskriptor beziehen müssen. Um festzustellen, welches von den beiden beibehalten und welches wieder zu entfernen sei, wird angegeben, welches Modul die eigentliche Typdefinition enthält. Ein Pointer (vom Typ *Object*) zeigt daher aus dem Strukturknoten (Typ *Structure*) auf den ursprünglichen Namen (T0).

# 15.4 Adressierung externer Objekte

Die Hauptsache bei der getrennten Übersetzung ist, daß Änderungen eines Moduls M Klientenmodule von M nicht invalidieren, solange die Schnittstelle von M nicht verändert wird. Wir erinnern uns, daß die Schnittstelle aus der Gesamtheit der exportierten Deklarationen besteht. Änderungen, die die Schnittstelle nicht betreffen, können also gleichsam »unter der Decke« erfolgen, ohne daß Programmierer der Klienten davon Kenntnis haben müßten, denn sie erfordern nicht einmal eine Neukompilierung der Klienten. Ehrlicherweise muß sofort präzisiert werden, daß die exportierten Prozeduren von M auch nicht in semantischer Hinsicht verändert werden dürfen. Compiler könnten dies nämlich nicht mit Sicherheit feststellen. Bezüglich Unveränderbarkeit beziehen wir uns also stets auf die Angaben der gemachten Vereinbarungen und bei Prozeduren nur auf deren Signaturen.

Werden nun in einem Modul (nicht exportierte) Prozeduren und Variablen verändert, hinzugefügt oder entfernt, so verändern sich zwangsläufig auch die Adressen der exportierten Prozeduren und Variablen. Dies müßte wohl auch eine Änderung der Symboldatei nach sich ziehen und damit eine Invalidierung der Klienten. Dies aber widerspricht klar den gestellten Postulaten eines Systems mit getrennter Übersetzung.

Die Lösung des Dilemmas liegt zwangsläufig darin, keine Adressen in Symboldateien aufzunehmen, was wiederum bedingt, daß (absolute) Adressen beim Binden und Laden eines Moduls nachgeführt werden müssen. Zusätzlich zu ihren Adressen (für den modulinternen Gebrauch) erhalten exportierte Variablen und Prozeduren eine eindeutige Nummer, die in der Symboldatei die Stelle der Adresse einnimmt. Üblicherweise werden diese Nummern einfach sequentiell vergeben.

Bei der Kompilierung eines Klienten sind für importierte Objekte daher keine Adressen, sondern nur modulspezifische Nummern vorhanden. Diese müssen wie erwähnt beim Laden in Adressen konvertiert werden, wozu Kenntnis ihrer Vorkommnisse nötig ist. Anstatt der Objektdatei eine Liste aller dieser Vorkommnisse (Adressen von Instruktionen, die auf externe Objekte Bezug nehmen) beizufügen, werden anstelle der nicht bekannten Adressen die Glieder der Fixup-Kette selbst in die Befehle eingebettet. Dies ist dieselbe Technik, wie sie schon für das Nachführen von Sprungadressen (siehe Kap. 11) vorgestellt wurde. Werden alle zu vervollständigenden Adressen in dieser Kette vereint, so entspricht dies dem linken Bild in Abb. 15.8, und jeder Eintrag muß mit dem Paar Modul-Nummer (mno) und Eintrag-Nummer (eno) identifiziert sein. Einfacher ist es, für jedes importierte Modul eine eigene Kette vorzusehen. In der Objektdatei braucht dann lediglich anstatt eines Kopfes je ein Kopf pro importiertes Modul angegeben zu werden (mittleres Bild). Das Bild rechts in Abb.

15.8 zeigt die Lösung, wo sogar für jedes importierte Objekt eine eigene Kette aufgebaut wird. (Anstelle der Modulnamen denke man sich Modulnummern, anstelle der Objektnamen die Eintragsnummern.) Welche der drei abgebildeten Lösungen eingesetzt wird, hängt letzlich davon ab, wieviel Information an der Stelle untergebracht werden kann, in die die absolute Adresse eingesetzt wird.

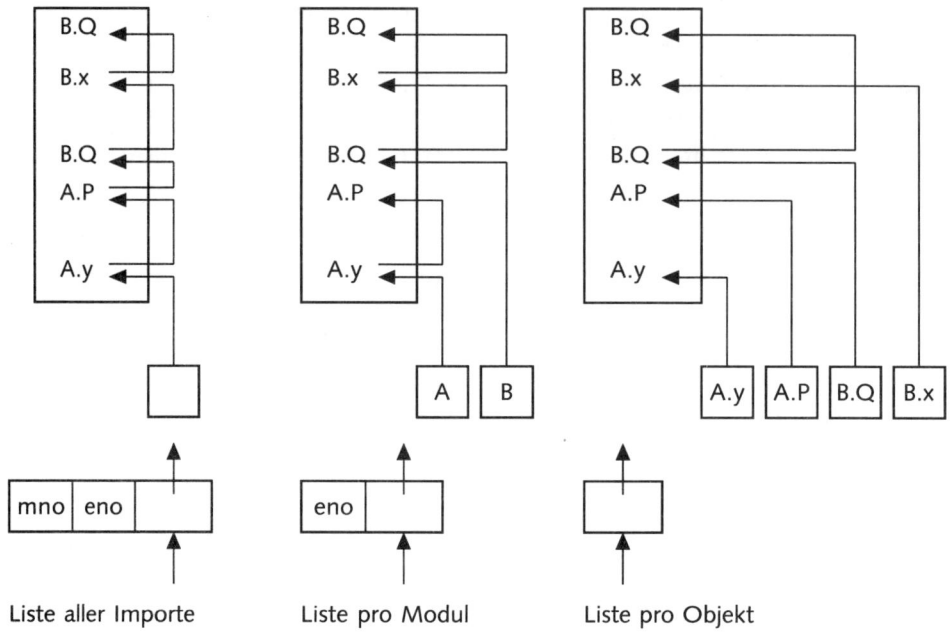

Abb. 15.8: Drei Lösungen für Fixup-Listen in Objektdateien

## 15.5  Konsistenzprüfung von Modulen

Scheinbar verspätet stellen wir uns hier die Frage, weshalb überhaupt Symboldateien eingeführt werden. Nehmen wir an, daß ein Modul M kompiliert werden soll, das M0 und M1 importiert. Eine einfachere Lösung wäre doch, die Module M0 und M1 vorgängig der Kompilierung von M zu rekompilieren und die drei erhaltenen Symboltabellen zu integrieren. Die ersten beiden Kompilierungen könnten ohne weiteres automatisch beim Lesen der Importliste von M ausgelöst werden.

Zwar ist das wiederholte Kompilieren importierter Module eine Zeitverschwendung. Dennoch wird diese Technik in der Tat von etlichen kommerziellen Compilern für Sprachen wie Pascal und Modula verwendet. Der wirkliche Haken ist dabei aber nicht der zusätzliche Zeitaufwand, sondern das Fehlen einer Garantie für die Konsistenz der eingebundenen Module. Nehmen wir an, M sei neu zu kompilieren, nachdem einige Verbesserungen vorgenommen wurden. Dann ist es durchaus möglich, daß nach der ursprünglichen Formulierung von M und der Kompilierung der verbesserten Version auch Änderungen an M0 oder M1 vorgenommen wurden, die M invalidieren. Vielleicht stimmen gar die Versionen von M0 und M1, die dem Programmierer von M zur Verfügung stehen, nicht mehr mit den aktuellen Objektdateien von M0 und M1 überein, was jedoch bei der Kompilierung von M nicht feststellbar ist und bei der Ausführung zum unweigerlichen Versagen des Systems führen muß.

Symboldateien hingegen erlauben ein Eingreifen und Verändern nicht; sie sind codiert und nicht durch einen Texteditor einsehbar. Sie lassen sich nur durch eine neue Version als Ganzes ersetzen. Um Konsistenz überprüfen zu können, genügt es daher, jeder Version einen eindeutigen *Schlüssel* (key) beizuordnen. Symboldateien machen es möglich, Module ohne Preisgabe ihrer Quellenform zur Verfügung zu stellen. Der Klient kann sich lediglich auf die spezifizierte Schnittstelle abstützen und kann sich dank der Schlüssel darauf verlassen, daß die Implementierung mit ihr übereinstimmt. Entfällt aber dieser Verlaß, dann sind Module zwar ein verführerisches Konzept, aber kein nützliches Werkzeug.

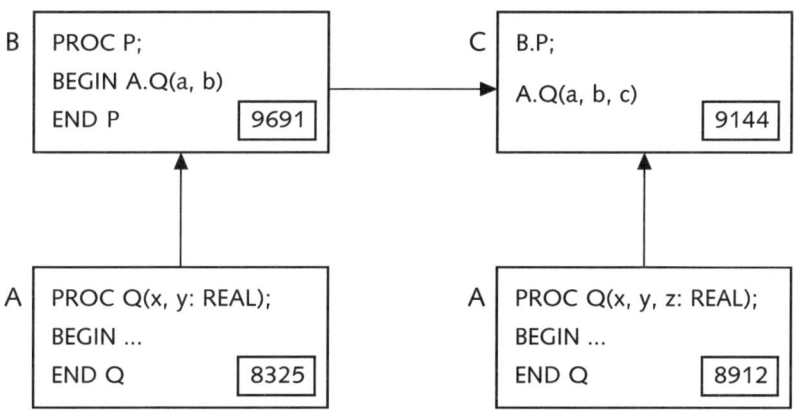

*Abb. 15.9: Inkonsistenz von Modulversionen*

Der linke Teil von Abb. 15.9 zeigt die Lage bei der Kompilierung von Modul B, der rechte Teil bei der Kompilierung von C. Zwischen den beiden Kompilierungen wurde A verändert und rekompiliert. Die Symboldateien von B und C enthalten also Modulanker vom importierten A mit *verschiedenen* Schlüsseln, nämlich 8325 bei B und 8912 bei C. Der Compiler stellt diese Differenz fest und gibt eine entsprechende Fehlermeldung aus. Wird Modul A jedoch nach der Kompilierung von C (mit veränderter

Schnittstelle) rekompiliert, so kann und muß der Lader die Inkompatibilität feststellen. Dazu werden die Schlüssel auch in den jeweiligen Objektdateien mitgeführt. Somit kann beim Laden *vor* der Ausführung festgestellt werden, daß die Importe von A bei B und C inkonsistent sind, d.h., daß die Kompilierungen von B und C auf verschiedenen Grundlagen erfolgten.

Der Schlüssel wird zusammen mit dem Namen eines Moduls als charakterisierendes Paar aufgefaßt und steht im Kopf jeder Symboldatei. Wie erwähnt, werden auch die Namen der importierten Module mit deren Schlüssel ergänzt. Diese Überlegungen führen zu einer Struktur der Symboldateien, wie sie durch ihre Syntax im Anhang angegeben ist.

Zur Erzeugung eines Modulschlüssels gibt es mehrere Möglichkeiten. Die einfachste ist wohl die Zuhilfenahme der Uhrzeit mit Datum. Diese, geeignet codiert, ergibt direkt den Schlüssel. Ein Nachteil ist, daß die Methode nicht völlig sicher ist; auch wenn die Zeitauflösung bei einer Sekunde liegt, können zwei Kompilierungen auf verschiedenen Rechnern immer denselben Schlüssel erzeugen. Etwas stichhaltiger ist das Argument, daß zwei Kompilierungen desselben Moduls denselben Schlüssel ergeben sollten, was bei Verwendung der Uhr nicht zutrifft. Wird also eine Änderung vorgenommen, diese als fehlerhaft entdeckt und wieder rückgängig gemacht, so resultiert dennoch ein neuer Schlüssel, der natürlich Klientenmodule als invalidiert erscheinen läßt.

Eine bessere Methode der Schlüsselerzeugung ist daher die Verknüpfung aller Bytes der Symboldatei zu einem Schlüsselwert. Auch diese Methode ist zwar nicht völlig sicher, weil für verschiedene Module derselbe Schlüsselwert erzeugt werden kann; sie hat aber den Vorteil, daß jede Rekompilierung des unveränderten Moduls denselben Schlüsselwert liefert. Man nennt Schlüssel, die auf diese Art berechnet werden, *Fingerabdrücke* (finger prints).

# 16 Optimierungen und die Frontend-Backend-Struktur

## 16.1 Grundsätzliche Überlegungen

Unterzieht man den vom vorgelegten Compiler erzeugten Code einer genaueren Prüfung, so ist unschwer festzustellen, daß er zwar korrekt und übersichtlich, doch auch an manchen Stellen verbesserungswürdig ist. Der Grund dafür liegt vor allem in der Direktheit des gewählten Algorithmus, der Sprachstrukturen unabhängig von ihrer Einbettung in fixe Befehlsfolgen übersetzt und (fast) keine Spezialfälle erkennt und sich zunutze macht. Die Einfachheit und Direktheit des Schemas führt offenbar zu nur teilweise befriedigenden Resultaten, was die Effizienz bezüglich Speicherplatz und Geschwindigkeit betrifft, weil Quell- und Zielsprachen nicht ganz einfach aufeinander abbildbar sind. Man spricht in diesem Zusammenhang vom *semantic gap*, der Kluft zwischen Programmiersprache einerseits und Befehlssatz und Maschinenarchitektur anderseits.

Um Code zu erzeugen, der die gegebenen Befehle und Ressourcen besser ausnützt, müssen raffiniertere Übersetzungsschemata eingesetzt werden. Man spricht in diesem Fall von *Optimierungen* resp. von optimierenden Compilern. Es sei an dieser Stelle betont, daß dies zwar eine verbreitete, jedoch leider auch eine falsche Bezeichnung ist. Denn daß der erzeugte Code optimal, d.h. am besten und damit nicht mehr verbesserbar sei, würde niemand zu behaupten wagen. Alles, was die sogenannten Optimierungen zustande bringen, sind Verbesserungen, *Meliorationen*. Wir beugen uns jedoch dem gängigen Sprachgebrauch und werden das Wort Optimierung verwenden.

Es liegt auf der Hand, daß umso besserer Code erhalten wird, je mehr Aufwand in den Algorithmus der Übersetzung gesteckt wird. Allgemein gilt, daß je besser der erzeugte Code und je schneller dessen Ausführung, desto langsamer die Kompilierung, und umgekehrt. Unter Umständen erlauben Compiler sogar die Wahl eines Optimierungsgrades: Während der Entwicklung eines Programms wird ein niedriger, bei der

Fertigstellung ein hoher Grad gewählt. Nebenbei sei bemerkt, daß dabei in verschiedenen Richtungen verbessert werden kann, z. B. hin zu schnellerem Code oder hin zu dichterem Code. Die beiden Kriterien verlangen manchmal unterschiedliche Algorithmen und laufen oft gar einander entgegen, ein klarer Hinweis dafür, daß es kein wohldefiniertes Optimum gibt.

Es kann nicht überraschen, daß gewisse Verbesserungsmaßnahmen mit bescheidenem Aufwand bereits beachtliche Resultate erbringen, während andere großen Aufwand an Compilerkomplexität und Kompilierungszeit erfordern und dennoch nur geringfügige Codeverbesserungen bewirken, ganz einfach weil sie nur selten zum Zug kommen. Es gibt tatsächlich gewaltige Unterschiede im Verhältnis von Wirkung und Aufwand. Bevor man sich daher als Compilerbauer für den Einbau von Optimierungen oder als Benutzer zum Kauf eines teuren, langsamen, hochoptimierenden Compilers entschließt, tut man gut daran, sich über das Verhältnis von Nutzen und Aufwand Klarheit zu verschaffen.

Ferner ist zu unterscheiden zwischen Optimierungen, deren Effekte allenfalls auch durch eine geschicktere Formulierung des Quellprogramms erhältlich wären, und solchen, bei denen dies unmöglich ist. Die erste Art der Optimierung dient vorab ungeschickten Programmierern, belastet jedoch durch die größere Komplexität des Compilers alle Benutzer. So dürfte es zum Beispiel wenig sinnvoll sein, bei Multiplikationen den Spezialfall eines Faktors 1 herauszugreifen und die Instruktion wegzulassen. Anders hingegen bei der Adreßberechnung einer indizierten Variablen, wobei bekanntlich der Index mit der Elementgröße multipliziert wird. Hier ist der Fall der Größe 1 häufig. Er kann nicht durch eine andere Formulierung hinweggezaubert werden.

Ein weiteres Unterscheidungskriterium ist die Abhängigkeit einer Maßnahme von der Zielarchitektur. Es gibt Maßnahmen, die sich ausschließlich anhand der Quellsprache erklären lassen. Beispiele sind die bekannten Identitäten

```
x + 0  =  x
x * 2  =  x + x
b & TRUE  =  b
b & ~b  =  FALSE

IF TRUE THEN A ELSE B END  =  A
IF FALSE THEN A ELSE B END  =  B
```

Anderseits gibt es Optimierungen, die nur auf Eigenschaften der Zielarchitektur begründet sind. So gibt es Rechner, die eine Multiplikation und eine Addition oder einen Vergleich, eine Addition und einen bedingten Sprung in einer einzigen Instruktion zusammenfassen lassen. Der Compiler muß dann das Muster erkennen, das bei diesem Rechner eine Optimierung zuläßt.

Und letztlich sei ganz allgemein festgehalten, daß sich umso mehr effektvolle Optimierungen erzielen lassen, je schlechter die im Original enthaltene Codeerzeugung konzipiert ist. In dieser Beziehung führt eine schwer erklärbare Umständlichkeit mancher kommerzieller Produkte zu erstaunlich schlechten Anfangsbedingungen, die demzufolge nach noch komplexeren Optimierungen rufen.

## 16.2  Einfache Optimierungen

Vorerst betrachten wir Optimierungen, die mit einfachstem Aufwand erzielbar und daher praktisch obligatorisch sind. In diese Kategorie gehören die Fälle, die mit der Inspektion des unmittelbaren Kontexts auskommen. Ein gutes Beispiel ist die *Auswertung von Ausdrücken mit Konstanten*. Man spricht von *constant folding*, und diese Optimierung ist im präsentierten Compiler bereits enthalten.

Ein weiteres Beispiel ist die *Multiplikation mit einer Potenz von 2*, die bekanntlich durch eine effizientere Schiebeinstruktion ersetzt werden kann. Auch dieser Fall ist leicht und ohne Bezug auf Kontext feststellbar:

```
IF (y.mode = Const) & (y.a # 0) THEN
  n := y.a; k := 0;
  WHILE ~ODD(n) DO  (* n*2k = y.a *)
    n := n DIV 2; k := k+1
  END ;
  IF n = 1 THEN PutShift(x, k) ELSE PutOp(MUL, x, y) END
ELSE ...
END
```

Auf dieselbe Art und Weise wird auch die Division behandelt. Ist der Divisor gleich $2^k$, so wird der Dividend um k Stellen nach rechts verschoben. Für den Modulus werden die letzten k Stellen herausmaskiert.

## 16.3  Vermeidung wiederholter Auswertung

Wohl am bekanntesten ist in der Klasse der zielunabhängigen Optimierungen die *Elimination von gemeinsamen Ausdrücken*. Auf den ersten Blick scheint diese Maßnahme in die Kategorie der »fakultativen« Verbesserungen zu fallen, da sich dasselbe durch eine Korrektur des Quellprogramms erzielen läßt. In der Tat kann

$$x := (a+b)\,/\,c;\ y := (a+b)\,/\,d$$

besser unter Einführung einer Hilfsvariablen u durch

$$u := a+b;\ x := u\,/\,c;\ b := u\,/\,d$$

ausgedrückt werden. Wohlgemerkt bezieht sich die Vereinfachung jedoch nur auf die Anzahl der Rechenoperationen und weder auf die Anzahl der Zuweisungen noch auf die Verständlichkeit des Textes. Es bleibe also dahingestellt, ob sie überhaupt wünschbar sei.

Kritischer ist die Lage, wenn die Verbesserung resp. Einsparung im Programm unmöglich ist, wie dies das folgende Beispiel zeigt:

$$a[i, j] := a[i, j] + b[i, j]$$

Hier wird dreimal dieselbe Adreßberechnung durchgeführt, die jedesmal (mindestens) eine Multiplikation und eine Addition enthalten. Die gemeinsamen Ausdrücke sind implizit und nicht direkt ersichtlich. Eine Zusammenfassung der Berechnungen kann nur vom Compiler vorgenommen werden.

Die Elimination von gemeinsamen, d.h. mehrfach vorkommenden Ausdrücken lohnt sich natürlich nur, wenn sie wiederholt ausgewertet werden. Dieser Fall kann sogar auftreten, wenn der Ausdruck im Programmtext nur einmal vorkommt:

$$\text{WHILE } i > 0 \text{ DO } z := x+y;\ i := i-1 \text{ END}$$

Da x und y innerhalb der Repetition unverändert bleiben, genügt es, die Summe nur einmal zu berechnen. Der Compiler muß die Zuweisung an z gleichsam aus der Schleife herausziehen. Der Fachausdruck heißt *loop invariant code motion*.

In allen diesen Fällen ist die Möglichkeit, den Code zu vereinfachen, nur durch Einbezug des Kontexts überhaupt feststellbar. Und dies bedeutet zugleich einen erheblich gesteigerten Aufwand bei der Kompilierung. Der präsentierte Oberon-0-Compiler liefert dazu keine geeignete Grundlage.

Verwandt mit dem Herausziehen von konstanten Ausdrücken aus Repetitionen ist deren Vereinfachung durch Abstützen auf den vorgängig berechneten Wert, d.h. auf Rekursionsrelationen. Ist zum Beispiel $adr(a[i]) = k * i + a0$, so gilt $adr(a[i+1]) = adr(a[i]) + k$. Auch dieser Fall ist bei Adreßberechnungen besonders relevant. So ergeben sich z.B. die Adressen der indizierten Variablen in der Anweisung

$$\text{FOR } i := 0 \text{ TO } N\text{-}1 \text{ DO } a[i] := b[i] * c[i] \text{ END}$$

in jedem Durchlauf durch die einfache Addition der Elementgröße zum vorgängigen Wert. Dies führt oft zu ganz erheblichen Einsparungen an Rechenzeit. Das folgende Beispiel einer Matrizenmultiplikation (100 * 100 Elemente) möge dies belegen. Das Verlegen der Indizes und der Summen in Register sowie das Weglassen der Prüfung von Indexgrenzen beschleunigte das Programm um den Faktor 1,5. Das Ersetzen von indizierter Adressierung durch lineares Fortschalten der Elementadressen erbrachte sogar einen Faktor 2,75. Und die zusätzliche Verwendung der kombinierten Multiplikations- und Additions-Instruktion zur Berechnung der Skalarprodukte erhöhte den Faktor schließlich auf 3,90.

Offensichtlich genügt sogar einfache Kontextinformation in diesem Fall nicht. Es bedarf einer Kontroll- und Datenflußanalyse und der Feststellung, daß der Index sich jeweils monoton um 1 erhöht.

# 16.4 Registerverwaltung

Als dominantes Thema in der Technik der Optimierungen gilt heute der Einsatz und die Vergabe von Registern. Im gezeigten Oberon-0-Compiler werden Register lediglich für anonyme Zwischenresultate bei der Auswertung von Ausdrücken verwendet. Dazu genügen im allgemeinen einige wenige Register. Moderne Rechner hingegen verfügen über eine erhebliche Anzahl von Registern, auf die ein Zugriff wesentlich schneller ist als auf den Speicher. Würden sie lediglich für Zwischenresultate verwendet, so bedeutete dies eine sehr schlechte Nutzung dieser wertvollen Ressource. Ein Hauptziel jeder guten Codeoptimierung ist es, die Register möglichst intensiv einzusetzen, um damit Zugriffe auf den vergleichsweise langsamen Speicher einzusparen. Eine gute Registerstrategie erbringt mehr Vorteile als jede andere Sparte der Optimierung.

Eine weitverbreitete Technik ist die Registerzuteilung mittels Graphfärbung. Für jeden im Programm vorkommenden Wert, also für jeden Ausdruck, wird festgestellt, an welcher Stelle er berechnet und wo er letztmals verwendet wird. Dazwischen liegt sein *Lebensbereich*. Selbstverständlich können Werte verschiedener Ausdrücke nur dann in demselben Register gespeichert werden, wenn sich ihre Lebensbereiche nicht überschneiden. Die Bereiche werden als Knoten eines Graphen dargestellt, wobei eine Kante zwischen zwei Knoten bedeutet, daß sich die Bereiche überschneiden. Die Zuteilung der N vorhandenen Register auf die einzelnen Werte kann dann als Färbung des Graphen mit N Farben verstanden werden, so daß benachbarte Knoten immer verschiedene Farben erhalten, d.h. in verschiedenen Registern untergebracht werden.

Ferner werden ausgewählte skalare, lokale Variablen gar nicht mehr im Speicher, sondern in Registern alloziert. Um der optimalen Verwendung der Register näherzukommen, werden raffinierte Algorithmen eingesetzt, die diejenigen Variablen bevorzugen, die sich am häufigsten ändern. Offensichtlich ist, daß sich dadurch die notwendige Buchführung über Zugriffe vergrößert, was die Kompilierung verlangsamt. Ferner ist zu bedenken, daß bei Prozeduraufrufen die Registerwerte abgespeichert und später restauriert werden müssen. Die Gefahr lauert, daß der dafür nötige Zusatzaufwand die erreichten Einsparungen zumindest teilweise wieder kompensiert. Gerne werden daher lokale Variablen nur in jenen Prozeduren in Register verlegt, die selber keine Aufrufe enthalten und dementsprechend auch am häufigsten zur Ausführung kommen.

Eine ausführliche Behandlung all dieser Optimierungsprobleme würde den Rahmen einer Einführung in den praktischen Compilerbau sprengen. Wir lassen es daher bei diesen Andeutungen der Problemkreise bewenden. Jedenfalls ist daraus ersichtlich, daß zu einer sehr guten Codeerzeugung wesentlich mehr Information über den Kontext herbeigezogen werden muß, als dies im relativ einfachen Oberon-0-Compiler geschieht. Seine Struktur ist für einen hohen Optimierungsgrad wenig geeignet. Hingegen dient er ausgezeichnet als schneller Compiler für akzeptablen, aber keineswegs optimalen Code, wie dies für den Unterricht und die Entwicklung zweckmäßig ist. Im nächsten Abschnitt zeigen wir eine weitere, etwas komplexere Compilerstruktur, die besser auf die Bedürfnisse von Optimierungsalgorithmen zugeschnitten ist.

# 16.5  Die Frontend-Backend-Compilerstruktur

Das auffälligste Charakteristikum des in den Kapiteln 7–12 entwickelten Compilers ist, daß der Quelltext nur einmal durchlaufen wird, wobei der Code »on-the-fly« erzeugt wird. An jeder Stelle stehen für die Wahl von Instruktionen lediglich die Angaben über die Operanden in Form von Items sowie die Symboltabelle zur Verfügung. Letztere verkörpert den Kontext. Die bereits in Kapitel 1 kurz erwähnte Frontend-Backend-Konfiguration eines Compilers weicht entscheidend davon ab, indem im *Frontend* beim ebenfalls einmaligen Durchlaufen des Quelltextes nicht direkt Code erzeugt, sondern eine für die nachfolgende Weiterverarbeitung geeignete Datenstruktur aufgebaut wird, die alle im Quelltext vorhandene Information beibehält. Man nennt sie den *Syntaxbaum*, weil sie im wesentlichen die syntaktische Struktur der gelesenen Anweisungen getreulich widerspiegelt. Etwas vereinfachend kann man sagen, daß das Frontend Vereinbarungen in die Symboltabelle und Anweisungen in den Syntaxbaum überführt. Diese beiden Datenstrukturen bilden sodann die Schnittstelle zum *Backend*, dessen Aufgabe die Codeerzeugung ist. Der Syntaxbaum gewährt dabei den Zugriff zu praktisch allen Teilen eines Programms und stellt dieses gleichsam in vorpräparierter Form dar. Der Vorgang ist in Abb. 16.1 gezeigt.

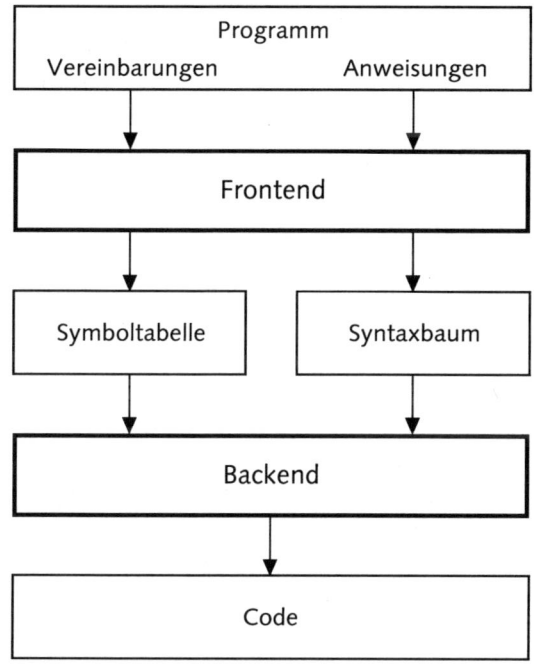

Abb. 16.1: Compiler bestehend aus Frontend und Backend

Auf den zusätzlichen Vorteil dieser Gliederung, nämlich die Aufteilung in ein maschinenunabhängiges Frontend und ein maschinenabhängiges Backend, wurde bereits in Kapitel 1 hingewiesen. Wir beschränken uns hier auf die Schnittstelle, nämlich die Definition einer geeigneten Datenstruktur. Ferner zeigen wir, wie diese grundsätzlich erzeugt wird.

Genauso wie im Quellprogramm die Anweisungen auf die Vereinbarungen Bezug nehmen, wird im Syntaxbaum auf die Symboltabelle verwiesen. Daraus ergibt sich der verständliche Wunsch, die Elemente der Datenstruktur, die einzelne Objekte repräsentieren, so zu deklarieren, daß in *beiden* Datenstrukturen auf sie verwiesen werden kann. Als Grundbaustein diene der Typ *Object*, der je nach Bedarf verschiedene Ausprägungen annehmen kann (z. B. für Variablen, Konstanten, Prozeduren). Allen gemeinsam ist lediglich das Attribut *type*. Hierbei und nachfolgend wird intensiv von Oberons Konzept der Typenerweiterung Gebrauch gemacht.

```
Object  =  POINTER TO ObjDesc;
ObjDesc  =  RECORD type: Type END ;
ConstDesc  =  RECORD (ObjDesc) value: LONGINT END ;
VarDesc  =  RECORD (ObjDesc) adr, level: LONGINT END ;
```

Die Symboltabelle besteht aus einer Liste von Einträgen für jedes Scope (siehe Abschnitt 8.2). Die Einträge bestehen aus dem Namen (Bezeichner) und einem Verweis auf das bezeichnete Objekt.

```
Ident  =  POINTER TO IdentDesc;
IdentDesc = RECORD
   name: ARRAY 32 OF CHAR;
   obj: Object; next: Ident
END ;
Scope  =  POINTER TO ScopeDesc;
ScopeDesc  =  RECORD first: Ident; dsc: Scope END ;
```

Der Syntaxbaum wird am zweckmäßigsten als binärer Baum ausgelegt. Seine Knotenelemente nennen wir *Nodes*. Hat ein syntaktisches Konstrukt die Form einer Liste, so läßt sich diese ebenfalls als (degenerierter) binärer Baum ausdrücken, wobei das letzte Element jeweils durch einen leeren Ast gekennzeichnet ist.

```
Node  =  POINTER TO NodeDesc;
NodeDesc  =  RECORD (Object)
   op: INTEGER;
   left, right: Object
END
```

Betrachten wir als erstes Beispiel den folgenden kurzen Auszug aus einem Programmtext:

```
VAR x, y, z: INTEGER;
BEGIN z := x + y - 5; ...
```

Das Frontend zerlegt den Quelltext und baut die in Abb. 16.2 gezeigte Symboltabelle und den Syntaxbaum auf. Auf die Darstellung der Datentypen wird hier verzichtet.

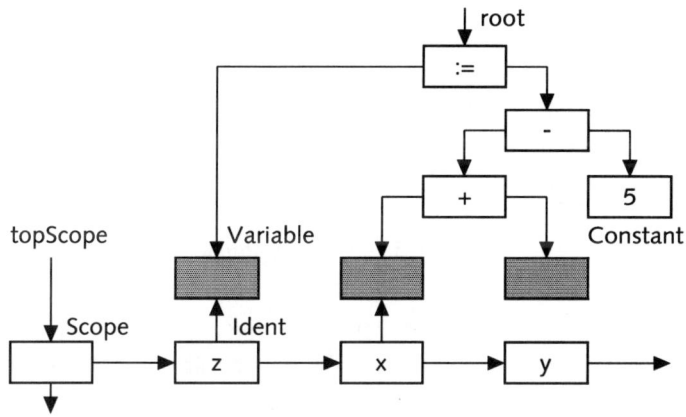

*Abb. 16.2: Symboltabelle (unten) und Syntaxbaum (oben)*

Die Darstellungen für verschiedene Anweisungsarten sind in den Abbildungen 16.3–16.5 wiedergegeben.

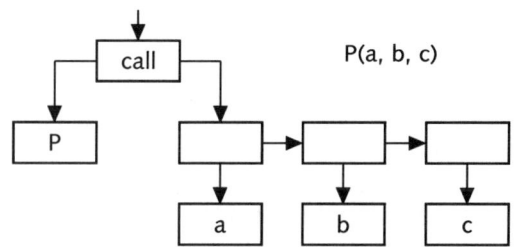

*Abb. 16.3: Prozeduraufruf*

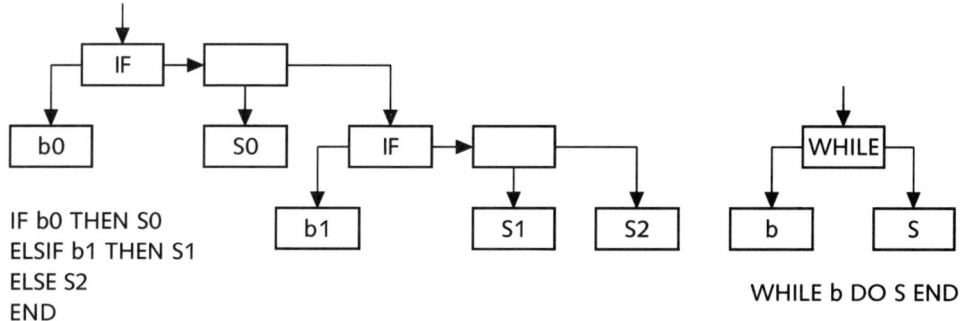

*Abb. 16.4: IF- und WHILE-Anweisungen*

S0; S1; ... Sn

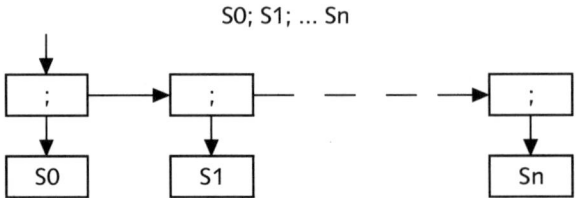

*Abb. 16.5: Anweisungsfolge*

Zum Abschluß skizzieren wir einige Beispiele, die zeigen, wie die beschriebenen Datenstrukturen erzeugt werden. Man vergleiche sie mit den entsprechenden Prozeduren des Oberon-0-Compilers im Anhang. Die Algorithmen beruhen alle auf der Prozedur *New*, die einen einzelnen Knoten erzeugt.

```
PROCEDURE New(op: INTEGER; x, y: Object): Item;
   VAR z: Item;
BEGIN New(z); z.op := op; z.left := x; z.right := y; RETURN z
END New;

PROCEDURE factor(): Object;
   VAR x: Object; c: Constant;
BEGIN
   IF sym = ident THEN x := This(name); Get(sym); x := selector(x)
   ELSIF sym = number THEN NEW(c); c.value := number; Get(sym); x := c
   ELSIF sym = lparen THEN Get(sym); x := expression();
      IF sym = rparen THEN Get(sym) ELSE Mark(22) END
   ELSIF sym = not THEN Get(sym); x := New(not, NIL, factor())
   ELSE ...
   END ;
   RETURN x
END factor;

PROCEDURE term(): Object;
   VAR op: INTEGER; x: Object;
BEGIN x := factor();
   WHILE (sym >= times) & (sym <= and) DO
      op := sym; Get(sym); x := New(op, x, factor())
   END ;
   RETURN x
END term;

PROCEDURE statement(): Object;
   VAR x: Object;
BEGIN
```

```
    IF sym = ident THEN
      x := This(name); Get(sym); x := selector(x);
      IF sym = becomes THEN Get(sym); x := New(becomes, x, expression())
      ELSIF ...
      END
    ELSIF sym = while THEN
      Get(sym); x := expression();
      IF sym = do THEN Get(sym) ELSE Mark(25) END ;
      x := New(while, x, statseq());
      IF sym = end THEN Get(sym) ELSE Mark(20) END
    ELSIF ...
    END ;
    RETURN x
  END statement;
```

Aus diesen Skizzen ist ersichtlich, daß die Struktur des Frontends durch den Parser vorgezeichnet ist. Das Programm ist sogar eher einfacher geworden, doch ist zu bedenken, daß in diesen Skizzen der Übersichtlichkeit halber die Typenprüfung weggelassen wurde, obwohl sie als maschinenunabhängige Aufgabe klar in das Frontend gehört.

# Literaturverzeichnis

[AhUl77]   A. V. Aho, J. D. Ullman. *Principles of Compiler Design.*
           Addison-Wesley, 1977.

[DeRe71]   F. L. DeRemer. Simple LR(k) grammars.
           *Comm. ACM, 14, 7* (July 1971), 453–460.

[Fra93]    M. Franz. The case for universal symbol files.
           *Structured Programming 14* (1993), 136–147.

[Gra75]    S. L. Graham, S. P. Rhodes. Practical syntax error recovery.
           *Comm. ACM, 18, 11* (Nov. 1975), 639–650.

[HePat92]  J. L. Hennessy, D. A. Patterson. *Computer Architecture. A Quantitative
           Approach.* Morgan Kaufmann, 1990.

[Hoa72]    C. A. R. Hoare. Notes on data structuring. In: *Structured Programming.*
           O.-J. Dahl, E. W. Dijkstra, C. A. R. Hoare, Acad. Press, 1972.

[Kas90]    U. Kastens. *Übersetzerbau.* Oldenbourg, 1990.

[Knu 65]   D. E. Knuth. On the translation of languages from left to right.
           *Information and Control, 8, 6* (Dec. 1965), 607–639.

[Knu71]    D. E. Knuth. Top-down syntax analysis.
           *Acta Informatica 1* (1971), 79–110.

[LaLo71]   W. R. LaLonde et al. An LALR(k) parser generator.
           *Proc. IFIP Congress 71,* North-Holland, 153–157.

[Mit78]    J. G. Mitchell, W. Maybury, R. Sweet. Mesa Language Manual.
           Xerox Palo Alto Research Center, *Technical Report CSL-78-3.*

[Naur60]   P. Naur (Ed). Report on the algorithmic language Algol 60.
           *Comm. ACM, 3* (1960), 299–314, and *Comm. ACM, 6, 1* (1963), 1–17.

[ReMö85]   P. Rechenberg, H. Mössenböck. *Ein Compiler-Generator für
           Mikrocomputer.* C. Hanser, 1985.

[ReWi92]   M. Reiser, N. Wirth. *Programming in Oberon.* Addison-Wesley, 1992.

[Wir71]    N. Wirth. The programming language Pascal. *Acta Informatica 1* (1971)

[Wir77]    N. Wirth. Modula – A programming language for modular
           multiprogramming. *Software – Practice and Experience, 7* (1977), 3–35.

[Wir77]    N. Wirth. What can we do about the unnecessary diversity of notation
           for syntactic definitions? *Comm. ACM, 20, 11* (1977), 822–823.

[Wir82]    N. Wirth. *Programming in Modula-2.* Springer-Verlag, 1982.

[WiGu92]   N. Wirth and J. Gutknecht. *Project Oberon.* Addison-Wesley, 1992.

# Aufgabensammlung

1. Die Definition von Algol 60 enthält folgende Syntax (übersetzt in EBNF):

   primary = unsignedNumber I variable I "(" arithmeticExpression ")" I ... .
   factor = primary I factor "^" primary.
   term = factor I term ("×" I "/" I "÷") factor.
   simpleArithmeticExpression = term I ("+" I "-") term I
     simpleArithmeticExpression ("+" I "-") term.
   arithmeticExpression = simpleArithmeticExpression I
     "IF" BooleanExpression "THEN" simpleArithmeticExpression "ELSE"
   arithmeticExpression.
   relationalOperator = "<" I "≤" I "=" I "≥" I ">" I "≠" .
   relation = arithmeticExpression relationalOperator arithmeticExpression.
   BooleanPrimary = logicalValue I variable I relation I "(" BooleanExpression ")" I ... .
   BooleanSecondary = BooleanPrimary I "¬" BooleanPrimary.
   BooleanFactor = BooleanSecondary I BooleanFactor "∧" BooleanSecondary.
   BooleanTerm = BooleanFactor I BooleanTerm "∨" BooleanFactor.
   implication = BooleanTerm I implication "⊃" BooleanTerm.
   simpleBoolean = implication I simpleBoolean "≡" implication.
   BooleanExpression = simpleBoolean I
     "IF" BooleanExpression "THEN" simpleBoolean "ELSE" BooleanExpression.

   Bestimmen Sie die Strukturbäume der folgenden Ausdrücke, worin Buchstaben als *variable* gelten:

   x + y + z
   x × y + z
   x + y × z
   (x - y) × (x + y)
   -x ÷ y
   a + b < c + d
   a + b < c ∨ d ≠ e ∧ ¬ f ⊃ g > h ≡ i × j = k ↑ l ∨ m - n + p ≤ q

2. Die folgenden Produktionen stammen ebenfalls aus der Originalversion der Sprache Algol 60. Sie enthalten einige Mehrdeutigkeiten, die später in der revidierten Fassung eliminiert wurden.

   forListElement = arithmeticExpression I
     arithmeticExpression "STEP" arithmeticExpression "UNTIL" arithmeticExpression I
     arithmeticExpression "WHILE" BooleanExpression.
   forList = forListElement I forList "," forListElement.
   forClause = "FOR" variable ":=" forList "DO" .

```
forStatement  =  forClause statement.
compoundTail  =  statement "END" | statement ";" compoundTail.
compoundStatement  =  "BEGIN" compoundTail.
unconditional Statement  =  basicStatement | forStatement | compoundStatement | ... .
ifStatement  =  "IF" BooleanExpression "THEN" unconditionalStatement.
conditionalStatement  =  ifStatement | ifStatement "ELSE" statement.
statement  =  unconditionalStatement | conditionalStatement.
```

Finden Sie für die folgenden Ausdrücke resp. Anweisungen je mindestens zwei verschiedene Strukturbäume. A und B seien »basicStatements«.

IF a THEN b ELSE c = d
IF a THEN IF b THEN A ELSE B
IF a THEN FOR ... DO IF b THEN A ELSE B

Schlagen Sie eine alternative Syntax vor, die der Sprache eine eindeutige Struktur zuweist.

3. Algol 60 enthält eine Mehrfach-Zuweisung von der Form $v1 := v2 := ... vn := e$, welche durch die folgende Syntax definiert ist:

```
assignment  =  leftpartlist expression.
leftpartlist  =  leftpart | leftpartlist leftpart.
leftpart  =  variable ":=" .
expression  =  variable | expression "+" variable.
variable  =  ident | ident "[" expression "]" .
```

Welches ist der Grad des notwendigen »Lookahead«, um diese Syntax nach dem Top-down-Prinzip zu analysieren? Schlagen Sie eine alternative Notation für die Mehrfach-Zuweisung vor, deren Lookahead nur 1 Symbol beträgt.

4. Bestimmen Sie die Symbolmengen *first* und *follow* der EBNF-Konstrukte *production*, *expression*, *term* und *factor*. Verifizieren Sie damit, ob EBNF deterministisch formuliert ist.

```
syntax  =  {production}.
production  =  id "=" expression "." .
expression  =  term {"|" term}.
term  =  factor {factor}.
factor  =  id | string | "(" expression ")" | "[" expression "]"
   | "{" expression "}".

id  =  letter {letter | digit}.
string  =  " " " {character} " " " .
```

5. Bauen Sie das Programm zur syntaktischen Analyse von EBNF-Texten so aus, daß je eine Liste von Terminal- und Nichtterminalsymbolen erstellt wird und für jedes Nichtterminalsymbol die Mengen seiner Anfangs- und Folgesymbole bestimmt werden. Aufgrund dieser Mengen wird sodann festgestellt, ob die Syntax mit einem Lookahead von einem einzigen Symbol auskommt und deterministisch ist. Wenn dies nicht zutrifft, werden die Konflikt-Produktionen auf geeignete Weise angezeigt.

*Hinweis:*
Man benütze Warshalls Algorithmus (R. W. Floyd, Algorithm 96, Comm. ACM, June 1962).

```
TYPE matrix = ARRAY [1..n], [1..n] OF BOOLEAN;

PROCEDURE ancestor(VAR m: matrix; n: INTEGER);
(* Initially m[i, j] is TRUE, if individual i is a parent of individual j.
   At completion, m[i, j] is TRUE, if i is an ancestor of j *)
   VAR i, j, k: CARDINAL;
BEGIN
  FOR i := 1 TO n DO
    FOR j := 1 TO n DO
      IF m[j,i] THEN
        FOR k := 1 TO n DO
          IF m[i, k] THEN m[j, k] := TRUE END
        END
      END
    END
  END
END ancestor
```

(Es darf angenommen werden, daß die Anzahl der Terminal- resp. Nichtterminalsymbole einer Sprache höchstens 32 beträgt.)

6. Ermitteln Sie den Code für den Rechner aus Kapitel 9, der aus dem am Schluß von Kapitel 6 angegebenen Programm hervorgehen soll.

7. Der Scanner des im Anhang gezeigten Oberon-Compilers benutzt zur Feststellung, ob eine Buchstabenfolge ein Schlüsselwort sei, einen linearen Suchprozeß im Array *KeyTab*. Da dieser Suchprozeß häufig anfällt, lohnt sich eine Effizienzsteigerung sicherlich. Ersetzen Sie den linearen Suchprozeß im Array durch:

1. den binären Suchprozeß im geordneten Array
2. den Suchprozeß im binären Baum
3. einen Suchprozeß in einer Hashtabelle. Die Hashfunktion werde so gewählt, daß höchstens zwei Vergleiche von Schlüsselwerten nötig sind, bis das Wort gefunden ist oder feststeht, daß es sich nicht um ein Schlüsselwort handelt.

8. Verändern Sie die Sprache Oberon-0 in eine Variante Oberon-D, indem die bedingte und die repetierte Anweisung wie folgt neu formuliert werden:

   statement  =  ...
     "IF" guardedStatements {"|" guardedStatements} "FI" |
     "DO" guardedStatements {"|" guardedStatements} "OD" .
   guardedStatements  =  condition "->" statement {";" statement} .

   Die neue Anweisungsform

   IF $B_0$ -> $S_0$ | $B_1$ -> $S_1$ | ... | $B_n$ -> $S_n$ FI

   soll besagen, daß von allen Bedingungen $B_i$, die erfüllt sind, eine beliebige ausgewählt und sodann die zugehörige Anweisung $S_i$ ausgeführt wird. Ist keine Bedingung erfüllt, so wird das Programm abgebrochen. Jede Anweisungsfolge $S_i$ wird also nur ausgeführt, wenn die Bedingung $B_i$ erfüllt ist; man sagt, $S_i$ sei durch den *Guard* $B_i$ geschützt. Die Anweisung

   DO $B_0$ -> $S_0$ | $B_1$ -> $S_1$ | ... | $B_n$ -> $S_n$ OD

   bedeute, daß irgendeine Anweisung $S_i$ ausgeführt werde, deren Guard $B_i$ erfüllt ist, und zwar solange, bis kein $B_k$ mehr erfüllt ist. Die *DO ... OD*-Struktur ist also eine nicht-deterministische, repetitive Anweisung. Der Compiler werde dementsprechend angepaßt.

9. Erweitern Sie Oberon-0 und den Compiler um die FOR-Anweisung:

   statement  =  [assignment | ProcedureCall |
     IfStatement | WhileStatement | RepeatStatement | ForStatement.
   ForStatement  =  "FOR" identifier ":=" expression "TO" expression
     ["BY" expression] "DO" StatementSequence "END" .

   Der Ausdruck vor dem Symbol TO gibt den Anfangswert, derjenige danach den Endwert der Laufvariablen an. Der Ausdruck nach BY gibt die Schrittweite an. Fehlt dieser Ausdruck, so wird die Schrittweite 1 angenommen.

10. Ergänzen Sie den Compiler für Oberon-0 so, daß die Multiplikation resp. Division (und Modulus) durch eine effizientere Schiebe-(bzw. Mask-)Instruktion ersetzt

wird, falls ein Faktor oder ein Divisor eine konstante Potenz von 2 ist.

11. Ergänzen Sie den Compiler für Oberon-0 so, daß der Zugriff zu einem Array-Element einen Test beinhaltet, der prüft, ob der Indexwert im vereinbarten Indexbereich des Arrays liege.

12. Ergänzen Sie den Compiler für Oberon-0 so, daß die Einschränkung auf Variablen, die entweder strikt lokal oder global sind, entfällt. Es sind also auch Variablen zugreifbar, die lokal zu umgebenden Prozeduren vereinbart sind.

13. Erweitern Sie Sprache und Compiler Oberon-0 um den Datentyp REAL (und/oder LONGREAL) mit den arithmetischen Operatoren +, -, *, und /. Auch die RISC-Architektur ist zu ergänzen, und zwar durch die arithmetischen Grundoperationen und einen Satz von Registern für Gleitkomma-Operanden. Wählen Sie zwischen den folgenden Alternativen:

   a. Das Resultat einer Operation ist stets vom gleichen Typ wie die Operanden. Die Typen INTEGER und REAL lassen sich nicht »mischen«. Hingegen gibt es explizite Transferoperatoren ENTIER(x) und REAL(i).

   b. Operanden der Typen INTEGER und REAL (und LONGREAL) lassen sich in Ausdrücken beliebig mischen. Vergleichen Sie die Komplexitäten der Implementierung der beiden Fälle.

14. Erweitern Sie Sprache und Compiler Oberon-0 um den Datentyp SET mit den Operatoren der Mengenvereinigung, des Durchschnitts und der Differenz, sowie der Relation $\in$ (IN). Ferner seien Mengen durch folgenden Zusatz zur Syntax eingeführt (Option: die Ausdrücke für Mengen werden auf Konstanten beschränkt):

   factor = number | set | ...
   set = "{" [element {"," element}] "}".
   element = expression [".." expression].

15. Erweitern Sie Sprache und Compiler Oberon-0 um den Datentyp CHAR. Dazu gehören die Funktionen ORD(ch) (Ordinalzahl des Zeichens ch), und CHR(k) (k-tes Zeichen im ASCII-Zeichensatz). Eine Variable vom Typ CHAR belege im Speicher nur ein einziges Byte.

16. Die Sprache Oberon-0 wird um offene Array-Parameter erweitert.

   a. für eindimensionale VAR-Parameter
   b. für mehrdimensionale VAR-Parameter

c. für Werteparameter

17. Die Sprache Oberon-0 wird um Funktionsprozeduren erweitert:

   a. für skalare Resultattypen (INTEGER, REAL, SET, etc.)
   b. für allgemeine Typen

18. Verbessern Sie den Compiler derart, daß Werte und Adressen, die einmal in ein Register geladen sind, möglicherweise wiederverwendet werden. Für das Beispiel

   $$z := (x - y) * (x + y); y := x$$

   werde anstatt

   ```
   LDW    1, x
   LDW    2, y
   SUB    1, 1, 2
   LDW    2, x
   LDW    3, y
   ADD    2, 2, 3
   MUL    1, 1, 2
   STW    1, z
   LDW    1, x
   STW    1, y
   ```

   der wesentlich kürzere Code

   ```
   LDW    1, x
   LDW    2, y
   SUB    3, 1, 2
   ADD    4, 1, 2
   MUL    5, 3, 4
   STW    5, z
   STW    1, y
   ```

   erzeugt. Derartige Verbesserungen werden als Optimierungen bezeichnet, auch wenn das Resultat nicht optimal ist. Messen Sie den erzielten Gewinn anhand einer Anzahl Testprogramme.

19. Welche zusätzlichen Befehle der RISC-Architektur wären wünschenswert, um die Sprache Oberon-0 und die Erweiterungen der vorangehenden Aufgaben zu erleichtern respektive effizienter zu implementieren?

20. Ein Modul M »verwaltet« eine Datenstruktur, deren Aufbau versteckt bleiben soll. Trotzdem soll es möglich sein, beliebige Operationen an allen in der Daten-

struktur enthaltenen Elementen auszuführen. Dazu wird eine Prozedur *Enumerate* zur Verfügung gestellt, die die gewünschte Operation *P* als Parameter zu spezifizieren erlaubt. Als einfaches Beispiel für *P* wählen wir das Zählen der registrierten Elemente und zeigen die gewünschte Lösung:

```
PROCEDURE Enumerate(P: PROCEDURE (e: Element));

PROCEDURE CountElements*;
  VAR n: INTEGER;
    PROCEDURE Cnt(e: Element); BEGIN n := n + 1 END Cnt;
  BEGIN n := 0; M.Enumerate(Cnt); Texts.WriteInt(W, n, 6)
  END CountElements;
```

Diese Lösung verletzt leider eine Einschränkung, die für die Sprache Oberon gilt. Sie besagt, daß Prozeduren, die an Variable zugewiesen oder als Parameterwerte verwendet werden, *global* sein müssen. Dies zwingt uns, *Cnt* außerhalb von *CountElements* zu vereinbaren und damit zwangsläufig auch den Zähler *n*, obwohl dieser keinerlei globale Funktion besitzt.

Implementieren Sie Prozedurtypen so, daß die erwähnte Einschränkung entfällt und die gewünschte Lösung vom Compiler akzeptiert wird. Welches ist der Preis?

21. Verbessern Sie den Compiler derart, daß skalare Variablen nach Möglichkeit in Registern anstatt im Speicher alloziert werden. Messen Sie den erzielten Gewinn, und vergleichen Sie ihn mit dem in Aufgabe 18 erzielten. Wie werden Variablen als VAR-Parameter behandelt?

22. Schreiben Sie ein Modul OSGx, das OSG ersetzt und Code für eine CISC-Architektur x erzeugt. Nach Möglichkeit soll die Schnittstelle unverändert bleiben, so daß dieselben Compilermodule OSS und OSP beibehalten werden können.

# Anhang A: Syntax

## A.1 Oberon-0

ident = letter {letter | digit}.
integer = digit {digit}.

selector = {"." ident | "[" expression "]"}.
factor = ident selector | integer | "(" expression ")" | "~" factor.
term = factor {("*" | "DIV" | "MOD" | "&") factor}.
SimpleExpression = ["+"|"-"] term {("+"|"-" | "OR") term}.
expression = SimpleExpression [("=" | "#" | "<" | "<=" | ">" | ">=")
    SimpleExpression].
assignment = ident selector ":=" expression.
ActualParameters = "(" [expression {"," expression}] ")" .
ProcedureCall = ident [ActualParameters].
IfStatement = "IF" expression "THEN" StatementSequence
    {"ELSIF" expression "THEN" StatementSequence}
    ["ELSE" StatementSequence] "END".
WhileStatement = "WHILE" expression "DO" StatementSequence "END".
RepeatStatement = "REPEAT" StatementSequence "UNTIL" expression.
statement = [assignment | ProcedureCall | IfStatement | WhileStatement
    | RepeatStatement].
StatementSequence = statement {";" statement}.
IdentList = ident {"," ident}.
ArrayType = "ARRAY" expression "OF" type.
FieldList = [IdentList ":" type].
RecordType = "RECORD" FieldList {";" FieldList} "END".
type = ident | ArrayType | RecordType.
FPSection = ["VAR"] IdentList ":" type.
FormalParameters = "(" [FPSection {";" FPSection}] ")".
ProcedureHeading = "PROCEDURE" ident [FormalParameters].
ProcedureBody = declarations ["BEGIN" StatementSequence] "END".
ProcedureDeclaration = ProcedureHeading ";" ProcedureBody ident.
declarations = ["CONST" {ident "=" expression ";"}]
    ["TYPE" {ident "=" type ";"}]
    ["VAR" {IdentList ":" type ";"}]
    {ProcedureDeclaration ";"}.

module = "MODULE" ident ";" declarations
   ["BEGIN" StatementSequence] "END" ident "." .


## A.2  Oberon

ident = letter {letter | digit}.
number = integer | real.
integer = digit {digit} | digit {hexDigit} "H".
real = digit {digit} "." {digit} [ScaleFactor].
ScaleFactor = ("E" | "D") ["+" | "-"] digit {digit}.
hexDigit = digit | "A" | "B" | "C" | "D" | "E" | "F".
digit = "0" | "1" | "2" | "3" | "4" | "5" | "6" | "7" | "8" | "9".
CharConstant = '"' character '"' | digit {hexDigit} "X".
string = '"' {character} '"' .

identdef = ident ["*"].
qualident = [ident "."] ident.
ConstantDeclaration = identdef "=" ConstExpression.
ConstExpression = expression.
TypeDeclaration = identdef "=" type.
type = qualident | ArrayType | RecordType | PointerType | ProcedureType.
ArrayType = ARRAY length {"," length} OF type.
length = ConstExpression.
RecordType = RECORD ["(" BaseType ")"] FieldListSequence END.
BaseType = qualident.
FieldListSequence = FieldList {";" FieldList}.
FieldList = [IdentList ":" type].
IdentList = identdef {"," identdef}.
PointerType = POINTER TO type.
ProcedureType = PROCEDURE [FormalParameters].
VariableDeclaration = IdentList ":" type.

designator = qualident {"." ident | "[" ExpList "]" | "(" qualident ")" | "^" }.
ExpList = expression {"," expression}.
expression = SimpleExpression [relation SimpleExpression].
relation = "=" | "#" | "<" | "<=" | ">" | ">=" | IN | IS.
SimpleExpression = ["+"|"-"] term {AddOperator term}.
AddOperator = "+" | "-" | OR .

term = factor {MulOperator factor}.
MulOperator = "*" | "/" | DIV | MOD | "&" .
factor = number | CharConstant | string | NIL | set |
    designator [ActualParameters] | "(" expression ")" | "~" factor.
set = "{" [element {"," element}] "}".
element = expression [".." expression].
ActualParameters = "(" [ExpList] ")" .
statement = [assignment | ProcedureCall |
    IfStatement | CaseStatement | WhileStatement | RepeatStatement |
    LoopStatement | ForStatement | WithStatement | EXIT | RETURN [expression] ].
assignment = designator ":=" expression.
ProcedureCall = designator [ActualParameters].
StatementSequence = statement {";" statement}.
IfStatement = IF expression THEN StatementSequence
    {ELSIF expression THEN StatementSequence}
    [ELSE StatementSequence] END.
CaseStatement = CASE expression OF case {"|" case}
    [ELSE StatementSequence] END.
case = [CaseLabelList ":" StatementSequence].
CaseLabelList = CaseLabels {"," CaseLabels}.
CaseLabels = ConstExpression [".." ConstExpression].
WhileStatement = WHILE expression DO StatementSequence END.
RepeatStatement = REPEAT StatementSequence UNTIL expression.
LoopStatement = LOOP StatementSequence END.
ForStatement = FOR ident ":=" expression TO expression
    [BY ConstExpression] DO StatementSequence END .
WithStatement = WITH qualident ":" qualident DO StatementSequence END .

ProcedureDeclaration = ProcedureHeading ";" ProcedureBody ident.
ProcedureHeading = PROCEDURE ["*"] identdef [FormalParameters].
ProcedureBody = DeclarationSequence [BEGIN StatementSequence] END.
ForwardDeclaration = PROCEDURE "^" ident ["*"] [FormalParameters].
DeclarationSequence = {CONST {ConstantDeclaration ";"} |
    TYPE {TypeDeclaration ";"} | VAR {VariableDeclaration ";"}}
    {ProcedureDeclaration ";" | ForwardDeclaration ";"}.
FormalParameters = "(" [FPSection {";" FPSection}] ")" [":" qualident].
FPSection = [VAR] ident {"," ident} ":" FormalType.
FormalType = {ARRAY OF} (qualident | ProcedureType).
ImportList = IMPORT import {"," import} ";" .

import  =  ident [":=" ident].
module  =  MODULE ident ";"  [ImportList] DeclarationSequence
   [BEGIN StatementSequence] END ident "." .


# A.3  Symboldatei

SymFile  =  BEGIN key {name key}                    imported modules
   [ CONST {type name value} ] [ VAR {type name} ]   constants and variables
   [ PROC {type name {[VAR] type name} END} ]        procedures, parameters
   [ ALIAS {type name} ] [ NEWTYP {type} ] END .     renamed types
type  =  basicType | [Module] OldType | NewType.
basicType  =  BOOL | CHAR | INTEGER | REAL | ...
NewType  =  ARRAY type name intval
   | DYNARRAY type name
   | POINTER type name
   | RECORD type name {type name} END              record types and fields
   | PROCTYP type name {[VAR] type name END .       procedure types and
                                                    parameters


Worte mit Großbuchstaben bezeichnen Terminalsymbole, die in der Datei in geeigneter Weise als Zahlen codiert sind. OldType und Module bezeichnen Typ- resp.
Modulnummern, also Referenzen zu bereits definierten Objekten.

# Anhang B:
# Der ASCII-Zeichensatz

|   | 0   | 1   | 2 | 3 | 4 | 5 | 6 | 7   |
|---|-----|-----|---|---|---|---|---|-----|
| 0 | nul | dle |   | 0 | @ | P | ` | p   |
| 1 | soh | dc1 | ! | 1 | A | Q | a | q   |
| 2 | stx | dc2 | " | 2 | B | R | b | r   |
| 3 | etx | dc3 | # | 3 | C | S | c | s   |
| 4 | eot | dc4 | $ | 4 | D | T | d | t   |
| 5 | enq | nak | % | 5 | E | U | e | u   |
| 6 | ack | syn | & | 6 | F | V | f | v   |
| 7 | bel | etb | ' | 7 | G | W | g | w   |
| 8 | bs  | can | ( | 8 | H | X | h | x   |
| 9 | ht  | em  | ) | 9 | I | Y | i | y   |
| A | lf  | sub | * | : | J | Z | j | z   |
| B | vt  | esc | + | ; | K | [ | k | {   |
| C | ff  | fs  | , | < | L | \ | l | l   |
| D | cr  | gs  | - | = | M | ] | m | }   |
| E | so  | rs  | . | > | N | ^ | n | ~   |
| F | si  | us  | / | ? | O | - | o | del |

# Anhang C:
# Oberon-0-Compiler

*Anmerkungen*

1. Der Compiler ist in drei Module aufgespalten, nämlich den Scanner OSS, den Parser OSP und den Generator OSG. Letzteres Modul nimmt allein Bezug auf die Zielmaschine RISC, indem das Modul RISC importiert wird, das einen Interpreter darstellt. Damit wird sogar ermöglicht, den compilierten Code auszuführen.

2. Der erfolgreichen Kompilierung folgt automatisch das Laden des erzeugten Codes und die Ausführung des Modulkörpers. Das Laden besteht aus dem Kopieren des Codes aus dem Array *code* in den Speicher *M* des Interpreters. Dabei werden die (relativen) Adresssen von globalen Variablen absolut gemacht, indem ein Basiswert addiert wird, wie dies in Programmladern üblich ist. Der Compiler stellt dazu die nötige Information in Form einer Tabelle *rel* von Adressen zur Verfügung, die die zu korrigierenden Befehle anzeigen.

3. Globale Prozeduren ohne Parameter heißen in Oberon *Commands.* Diese werden ebenfalls bei der Kompilierung in zwei Tabellen *comname* und *comadr* registriert. Die Prozedur *Exec name* sucht den gegebenen Namen in der Tabelle *comname* und übergibt die Prozedur mit der entsprechenden Adresse *comadr* dem Interpreter zur Ausführung.

4. Enthält eine Prozedur Aufrufe von *Read,* so werden die Zahlenwerte gelesen, die dem Text *Exec name* folgen. So wird z. B. die Prozedur

```
PROCEDURE Add;
    VAR x, y, z: INTEGER;
BEGIN Read(x); Read(y); Read(z); Write(x + y + z); WriteLn
END Add
```

mit dem Oberon-Befehl *OSP.Exec Add 3 5 7* aktiviert.

## C.1 Scanner OSS

```
MODULE OSS; (* NW 19.9.93 / 17.11.94*)
  IMPORT Oberon, Texts;

  CONST IdLen* = 16; KW = 34;
```

```
    (*symbols*) null = 0;
    times* = 1; div* = 3; mod* = 4; and* = 5; plus* = 6; minus* = 7; or* = 8;
    eql* = 9; neq* = 10; lss* = 11; leq* = 12; gtr* = 13; geq* = 14;
    period* = 18; comma* = 19; colon* = 20; rparen* = 22; rbrak* = 23;
    of* = 25; then* = 26; do* = 27;
    lparen* = 29; lbrak* = 30; not* = 32; becomes* = 33; number* = 34; ident* = 37;
    semicolon* = 38; end* = 40; else* = 41; elsif* = 42;
    if* = 44; while* = 46;
    array* = 54; record* = 55;
    const* = 57; type* = 58; var* = 59; procedure* = 60;
    begin* = 61; module* = 63; eof = 64;

TYPE Ident* = ARRAY IdLen OF CHAR;

VAR val*: LONGINT;
    id*: Ident;
    error*: BOOLEAN;

    ch: CHAR;
    nkw: INTEGER;
    errpos: LONGINT;
    R: Texts.Reader;
    W: Texts.Writer;
    keyTab: ARRAY KW OF RECORD
      sym: INTEGER;
      id: ARRAY 12 OF CHAR
    END;

PROCEDURE Mark*(msg: ARRAY OF CHAR);
    VAR p: LONGINT;
BEGIN p := Texts.Pos(R) - 1;
    IF p > errpos THEN
      Texts.WriteString(W, "  pos "); Texts.WriteInt(W, p, 1);
      Texts.Write(W, " "); Texts.WriteString(W, msg);
      Texts.WriteLn(W); Texts.Append(Oberon.Log, W.buf)
    END ;
    errpos := p; error := TRUE
END Mark;

PROCEDURE Get*(VAR sym: INTEGER);

    PROCEDURE Ident;
      VAR i, k: INTEGER;
```

```
    BEGIN i := 0;
      REPEAT
        IF i < IdLen THEN id[i] := ch; INC(i) END ;
        Texts.Read(R, ch)
      UNTIL (ch < "0") OR (ch > "9") & (CAP(ch) < "A") OR (CAP(ch) > "Z");
      id[i] := 0X; k := 0;
      WHILE (k < nkw) & (id # keyTab[k].id) DO INC(k) END ;
      IF k < nkw THEN sym := keyTab[k].sym ELSE sym := ident END
    END Ident;

    PROCEDURE Number;
    BEGIN val := 0; sym := number;
      REPEAT
        IF val <= (MAX(LONGINT) - ORD(ch) + ORD("0")) DIV 10 THEN
          val := 10 * val + (ORD(ch) - ORD("0"))
        ELSE Mark("number too large"); val := 0
        END ;
        Texts.Read(R, ch)
      UNTIL (ch < "0") OR (ch > "9")
    END Number;

    PROCEDURE comment;
    BEGIN Texts.Read(R, ch);
      LOOP
        LOOP
          WHILE ch = "(" DO Texts.Read(R, ch);
            IF ch = "*" THEN comment END
          END ;
          IF ch = "*" THEN Texts.Read(R, ch); EXIT END ;
          IF R.eot THEN EXIT END ;
          Texts.Read(R, ch)
        END ;
        IF ch = ")" THEN Texts.Read(R, ch); EXIT END ;
        IF R.eot THEN Mark("comment not terminated"); EXIT END
      END
    END comment;

BEGIN
  WHILE ~R.eot & (ch <= " ") DO Texts.Read(R, ch) END;
  IF R.eot THEN sym := eof
  ELSE
    CASE ch OF
      "&": Texts.Read(R, ch); sym := and
```

```
        |  "*": Texts.Read(R, ch); sym := times
        |  "+": Texts.Read(R, ch); sym := plus
        |  "-": Texts.Read(R, ch); sym := minus
        |  "=": Texts.Read(R, ch); sym := eql
        |  "#": Texts.Read(R, ch); sym := neq
        |  "<": Texts.Read(R, ch);
            IF ch = "=" THEN Texts.Read(R, ch); sym := leq ELSE sym := lss END
        |  ">": Texts.Read(R, ch);
            IF ch = "=" THEN Texts.Read(R, ch); sym := geq ELSE sym := gtr END
        |  ";": Texts.Read(R, ch); sym := semicolon
        |  ",": Texts.Read(R, ch); sym := comma
        |  ":": Texts.Read(R, ch);
            IF ch = "=" THEN Texts.Read(R, ch); sym := becomes ELSE sym := colon END
        |  ".": Texts.Read(R, ch); sym := period
        |  "(": Texts.Read(R, ch);
            IF ch = "*" THEN comment; Get(sym) ELSE sym := lparen END
        |  ")": Texts.Read(R, ch); sym := rparen
        |  "[": Texts.Read(R, ch); sym := lbrak
        |  "]": Texts.Read(R, ch); sym := rbrak
        |  "0".."9": Number;
        |  "A" .. "Z", "a".."z": Ident
        |  "~": Texts.Read(R, ch); sym := not
        ELSE Texts.Read(R, ch); sym := null
        END
    END
END Get;

PROCEDURE Init*(T: Texts.Text; pos: LONGINT);
BEGIN error := FALSE; errpos := pos; Texts.OpenReader(R, T, pos); Texts.Read(R, ch)
END Init;

PROCEDURE EnterKW(sym: INTEGER; name: ARRAY OF CHAR);
BEGIN keyTab[nkw].sym := sym; COPY(name, keyTab[nkw].id); INC(nkw)
END EnterKW;

BEGIN Texts.OpenWriter(W); error := TRUE; nkw := 0;
    EnterKW(null, "BY");
    EnterKW(do, "DO");
    EnterKW(if, "IF");
    EnterKW(null, "IN");
    EnterKW(null, "IS");
    EnterKW(of, "OF");
    EnterKW(or, "OR");
```

```
      EnterKW(null, "TO");
      EnterKW(end, "END");
      EnterKW(null, "FOR");
      EnterKW(mod, "MOD");
      EnterKW(null, "NIL");
      EnterKW(var, "VAR");
      EnterKW(null, "CASE");
      EnterKW(else, "ELSE");
      EnterKW(null, "EXIT");
      EnterKW(then, "THEN");
      EnterKW(type, "TYPE");
      EnterKW(null, "WITH");
      EnterKW(array, "ARRAY");
      EnterKW(begin, "BEGIN");
      EnterKW(const, "CONST");
      EnterKW(elsif, "ELSIF");
      EnterKW(null, "IMPORT");
      EnterKW(null, "UNTIL");
      EnterKW(while, "WHILE");
      EnterKW(record, "RECORD");
      EnterKW(null, "REPEAT");
      EnterKW(null, "RETURN");
      EnterKW(null, "POINTER");
      EnterKW(procedure, "PROCEDURE");
      EnterKW(div, "DIV");
      EnterKW(null, "LOOP");
      EnterKW(module, "MODULE");
END OSS.
```

# C.2  Parser OSP

```
MODULE OSP; (* NW 23.9.93 / 1.2.95*)
    IMPORT Viewers, Texts, Oberon, MenuViewers, TextFrames, OSS, OSG;

    CONST WordSize = 4;
    VAR sym: INTEGER; loaded: BOOLEAN;
        topScope, universe: OSG.Object; (* linked lists, end with guard *)
        guard: OSG.Object;
        W: Texts.Writer;
```

```
PROCEDURE NewObj(VAR obj: OSG.Object; class: INTEGER);
  VAR new, x: OSG.Object;
BEGIN x := topScope; guard.name := OSS.id;
  WHILE x.next.name # OSS.id DO x := x.next END ;
  IF x.next = guard THEN
    NEW(new); new.name := OSS.id; new.class := class; new.next := guard;
    x.next := new; obj := new
  ELSE obj := x.next; OSS.Mark("mult def")
  END
END NewObj;

PROCEDURE find(VAR obj: OSG.Object);
  VAR s, x: OSG.Object;
BEGIN s := topScope; guard.name := OSS.id;
  LOOP x := s.next;
    WHILE x.name # OSS.id DO x := x.next END ;
    IF x # guard THEN obj := x; EXIT END ;
    IF s = universe THEN obj := x; OSS.Mark("undef"); EXIT END ;
    s := s.dsc
  END
END find;

PROCEDURE FindField(VAR obj: OSG.Object; list: OSG.Object);
BEGIN guard.name := OSS.id;
  WHILE list.name # OSS.id DO list := list.next END ;
  obj := list
END FindField;

PROCEDURE IsParam(obj: OSG.Object): BOOLEAN;
BEGIN RETURN (obj.class = OSG.Par) OR (obj.class = OSG.Var) & (obj.val > 0)
END IsParam;

PROCEDURE OpenScope;
  VAR s: OSG.Object;
BEGIN NEW(s); s.class := OSG.Head; s.dsc := topScope; s.next := guard; topScope := s
END OpenScope;

PROCEDURE CloseScope;
BEGIN topScope := topScope.dsc
END CloseScope;
```

```
(* -------------------- Parser --------------------*)

PROCEDURE↑ expression(VAR x: OSG.Item);

PROCEDURE selector(VAR x: OSG.Item);
  VAR y: OSG.Item; obj: OSG.Object;
BEGIN
  WHILE (sym = OSS.lbrak) OR (sym = OSS.period) DO
    IF sym = OSS.lbrak THEN
      OSS.Get(sym); expression(y);
      IF x.type.form = OSG.Array THEN OSG.Index(x, y)
      ELSE OSS.Mark("not an array")
      END ;
      IF sym = OSS.rbrak THEN OSS.Get(sym) ELSE OSS.Mark("]?") END
    ELSE OSS.Get(sym);
      IF sym = OSS.ident THEN
        IF x.type.form = OSG.Record THEN
          FindField(obj, x.type.fields); OSS.Get(sym);
          IF obj # guard THEN OSG.Field(x, obj) ELSE OSS.Mark("undef") END
        ELSE OSS.Mark("not a record")
        END
      ELSE OSS.Mark("ident?")
      END
    END
  END
END selector;

PROCEDURE factor(VAR x: OSG.Item);
  VAR obj: OSG.Object;
BEGIN (*sync*)
  IF sym < OSS.lparen THEN OSS.Mark("ident?");
    REPEAT OSS.Get(sym) UNTIL sym >= OSS.lparen
  END ;
  IF sym = OSS.ident THEN
    find(obj); OSS.Get(sym); OSG.MakeItem(x, obj); selector(x)
  ELSIF sym = OSS.number THEN
    OSG.MakeConstItem(x, OSG.intType, OSS.val); OSS.Get(sym)
  ELSIF sym = OSS.lparen THEN
    OSS.Get(sym); expression(x);
    IF sym = OSS.rparen THEN OSS.Get(sym) ELSE OSS.Mark(")?") END
  ELSIF sym = OSS.not THEN OSS.Get(sym); factor(x); OSG.Op1(OSS.not, x)
  ELSE OSS.Mark("factor?"); OSG.MakeItem(x, guard)
```

```
    END
END factor;

PROCEDURE term(VAR x: OSG.Item);
    VAR y: OSG.Item; op: INTEGER;
BEGIN factor(x);
    WHILE (sym >= OSS.times) & (sym <= OSS.and) DO
        op := sym; OSS.Get(sym);
        IF op = OSS.and THEN OSG.Op1(op, x) END ;
        factor(y); OSG.Op2(op, x, y)
    END
END term;

PROCEDURE SimpleExpression(VAR x: OSG.Item);
    VAR y: OSG.Item; op: INTEGER;
BEGIN
    IF sym = OSS.plus THEN OSS.Get(sym); term(x)
    ELSIF sym = OSS.minus THEN OSS.Get(sym); term(x); OSG.Op1(OSS.minus, x)
    ELSE term(x)
    END;
    WHILE (sym >= OSS.plus) & (sym <= OSS.or) DO
        op := sym; OSS.Get(sym);
        IF op = OSS.or THEN OSG.Op1(op, x) END ;
        term(y); OSG.Op2(op, x, y)
    END
END SimpleExpression;

PROCEDURE expression(VAR x: OSG.Item);
    VAR y: OSG.Item; op: INTEGER;
BEGIN SimpleExpression(x);
    IF (sym >= OSS.eql) & (sym <= OSS.geq) THEN
        op := sym; OSS.Get(sym); SimpleExpression(y); OSG.Relation(op, x, y)
    END
END expression;

PROCEDURE parameter(VAR fp: OSG.Object);
    VAR x: OSG.Item;
BEGIN expression(x);
    IF IsParam(fp) THEN OSG.Parameter(x, fp.type, fp.class); fp := fp.next
    ELSE OSS.Mark("too many parameters")
    END
END parameter;
```

```
PROCEDURE StatSequence;
  VAR par, obj: OSG.Object; x, y: OSG.Item; L: LONGINT;

  PROCEDURE param(VAR x: OSG.Item);
  BEGIN
    IF sym = OSS.lparen THEN OSS.Get(sym) ELSE OSS.Mark(")?") END ;
    expression(x);
    IF sym = OSS.rparen THEN OSS.Get(sym) ELSE OSS.Mark(")?") END
  END param;

BEGIN (* StatSequence *)
  LOOP (*sync*) obj := guard;
    IF sym < OSS.ident THEN OSS.Mark("statement?");
      REPEAT OSS.Get(sym) UNTIL sym >= OSS.ident
    END ;
    IF sym = OSS.ident THEN
      find(obj); OSS.Get(sym); OSG.MakeItem(x, obj); selector(x);
      IF sym = OSS.becomes THEN OSS.Get(sym); expression(y); OSG.Store(x, y)
      ELSIF sym = OSS.eql THEN OSS.Mark(":= ?"); OSS.Get(sym); expression(y)
      ELSIF x.mode = OSG.Proc THEN
        par := obj.dsc;
        IF sym = OSS.lparen THEN OSS.Get(sym);
          IF sym = OSS.rparen THEN OSS.Get(sym)
          ELSE
            LOOP parameter(par);
              IF sym = OSS.comma THEN OSS.Get(sym)
              ELSIF sym = OSS.rparen THEN OSS.Get(sym); EXIT
              ELSIF sym >= OSS.semicolon THEN EXIT
              ELSE OSS.Mark(") or , ?")
              END
            END
          END
        END ;
        IF ~IsParam(par) THEN OSG.Call(x) ELSE OSS.Mark("too few parameters") END
      ELSIF x.mode = OSG.SProc THEN
        IF obj.val <= 3 THEN param(y) END ;
        OSG.IOCall(x, y)
      ELSIF obj.class = OSG.Typ THEN OSS.Mark("illegal assignment?")
      ELSE OSS.Mark("statement?")
      END
    ELSIF sym = OSS.if THEN
      OSS.Get(sym); expression(x); OSG.TestBool(x);
      IF sym = OSS.then THEN OSS.Get(sym) ELSE OSS.Mark("THEN?") END ;
```

```
        StatSequence; L := 0;
        WHILE sym = OSS.elsif DO
           OSS.Get(sym); OSG.FJump(L); OSG.FixLink(x.a); expression(x); OSG.TestBool(x);
           IF sym = OSS.then THEN OSS.Get(sym) ELSE OSS.Mark("THEN?") END ;
           StatSequence
        END ;
        IF sym = OSS.else THEN
           OSS.Get(sym); OSG.FJump(L); OSG.FixLink(x.a); StatSequence
        ELSE OSG.FixLink(x.a)
        END ;
        OSG.FixLink(L);
        IF sym = OSS.end THEN OSS.Get(sym) ELSE OSS.Mark("END?") END
      ELSIF sym = OSS.repeat THEN
        OSS.Get(sym); L := OSG.pc; StatSequence;
        IF sym = OSS.until THEN OSS.Get(sym) ELSE OSS.Mark("UNTIL?") END ;
        expression(x); OSG.TestBoolR(x, L)
      ELSIF sym = OSS.while THEN
        OSS.Get(sym); L := OSG.pc; expression(x); OSG.TestBool(x);
        IF sym = OSS.do THEN OSS.Get(sym) ELSE OSS.Mark("DO?") END ;
        StatSequence; OSG.BJump(L); OSG.FixLink(x.a);
        IF sym = OSS.end THEN OSS.Get(sym) ELSE OSS.Mark("END?") END
      END ;
      IF sym = OSS.semicolon THEN OSS.Get(sym)
      ELSIF (sym >= OSS.semicolon) & (sym < OSS.if) OR (sym >= OSS.array) THEN EXIT
      ELSE OSS.Mark("; ?")
      END
    END
END StatSequence;

PROCEDURE IdentList(class: INTEGER; VAR first: OSG.Object);
   VAR obj: OSG.Object;
BEGIN
   IF sym = OSS.ident THEN
     NewObj(first, class); OSS.Get(sym);
     WHILE sym = OSS.comma DO
        OSS.Get(sym);
        IF sym = OSS.ident THEN NewObj(obj, class); OSS.Get(sym)
        ELSE OSS.Mark("ident?")
        END
     END;
     IF sym = OSS.colon THEN OSS.Get(sym) ELSE OSS.Mark(":?") END
   END
END IdentList;
```

```
PROCEDURE Type(VAR type: OSG.Type);
  VAR obj, first: OSG.Object; x: OSG.Item; tp: OSG.Type;
BEGIN type := OSG.intType; (*sync*)
  IF (sym # OSS.ident) & (sym < OSS.array) THEN OSS.Mark("type?");
    REPEAT OSS.Get(sym) UNTIL (sym = OSS.ident) OR (sym >= OSS.array)
  END ;
  IF sym = OSS.ident THEN
    find(obj); OSS.Get(sym);
    IF obj.class = OSG.Typ THEN type := obj.type ELSE OSS.Mark("type?") END
  ELSIF sym = OSS.array THEN
    OSS.Get(sym); expression(x);
    IF (x.mode # OSG.Const) OR (x.a < 0) THEN OSS.Mark("bad index") END ;
    IF sym = OSS.of THEN OSS.Get(sym) ELSE OSS.Mark("OF?") END ;
    Type(tp); NEW(type); type.form := OSG.Array; type.base := tp;
    type.len := SHORT(x.a); type.size := type.len * tp.size
  ELSIF sym = OSS.record THEN
    OSS.Get(sym); NEW(type); type.form := OSG.Record; type.size := 0; OpenScope;
    LOOP
      IF sym = OSS.ident THEN
        IdentList(OSG.Fld, first); Type(tp); obj := first;
        WHILE obj # guard DO
          obj.type := tp; obj.val := type.size; INC(type.size, obj.type.size); obj := obj.next
        END
      END ;
      IF sym = OSS.semicolon THEN OSS.Get(sym)
      ELSIF sym = OSS.ident THEN OSS.Mark("; ?")
      ELSE EXIT
      END
    END ;
    type.fields := topScope.next; CloseScope;
    IF sym = OSS.end THEN OSS.Get(sym) ELSE OSS.Mark("END?") END
  ELSE OSS.Mark("ident?")
  END
END Type;

PROCEDURE↑ ProcedureDecl;

PROCEDURE declarations(varsize: LONGINT);
  VAR obj, first: OSG.Object;
    x: OSG.Item; tp: OSG.Type; L: LONGINT;
BEGIN (*sync*)
  IF (sym < OSS.const) & (sym # OSS.end) THEN OSS.Mark("declaration?");
```

```
    REPEAT OSS.Get(sym) UNTIL (sym >= OSS.const) OR (sym = OSS.end)
END ;
LOOP
  IF sym = OSS.const THEN
    OSS.Get(sym);
    WHILE sym = OSS.ident DO
      NewObj(obj, OSG.Const); OSS.Get(sym);
      IF sym = OSS.eql THEN OSS.Get(sym) ELSE OSS.Mark("=?") END;
      expression(x);
      IF x.mode = OSG.Const THEN obj.val := x.a; obj.type := x.type
      ELSE OSS.Mark("expression not constant")
      END;
      IF sym = OSS.semicolon THEN OSS.Get(sym) ELSE OSS.Mark(";?") END
    END
  END ;
  IF sym = OSS.type THEN
    OSS.Get(sym);
    WHILE sym = OSS.ident DO
      NewObj(obj, OSG.Typ); OSS.Get(sym);
      IF sym = OSS.eql THEN OSS.Get(sym) ELSE OSS.Mark("=?") END ;
      Type(obj.type);
      IF sym = OSS.semicolon THEN OSS.Get(sym) ELSE OSS.Mark(";?") END
    END
  END ;
  IF sym = OSS.var THEN
    OSS.Get(sym);
    WHILE sym = OSS.ident DO
      IdentList(OSG.Var, first); Type(tp); obj := first;
      WHILE obj # guard DO
        obj.type := tp; obj.lev := OSG.curlev;
        varsize := varsize + obj.type.size; obj.val := -varsize; obj := obj.next
      END ;
      IF sym = OSS.semicolon THEN OSS.Get(sym) ELSE OSS.Mark(";?") END
    END
  END ;
  IF (sym >= OSS.const) & (sym <= OSS.var) THEN
    OSS.Mark("bad declaration sequence")
  ELSE EXIT
  END
END ;
OSG.Enter(varsize);
L := 0; OSG.FJump(L);
WHILE sym = OSS.procedure DO
```

```
            ProcedureDecl;
            IF sym = OSS.semicolon THEN OSS.Get(sym) ELSE OSS.Mark(";?") END
        END ;
        OSG.CondFixup(L)
    END declarations;

    PROCEDURE ProcedureDecl;
        CONST marksize = 8;
        VAR proc, obj: OSG.Object; tp: OSG.Type;
            procid: OSS.Ident;
            locblksize, parblksize: LONGINT;

        PROCEDURE FPSection;
            VAR obj, first: OSG.Object; tp: OSG.Type; parsize: LONGINT;
        BEGIN
            IF sym = OSS.var THEN OSS.Get(sym); IdentList(OSG.Par, first)
            ELSE IdentList(OSG.Var, first)
            END ;
            IF sym = OSS.ident THEN
                find(obj); OSS.Get(sym);
                IF obj.class = OSG.Typ THEN tp := obj.type
                ELSE OSS.Mark("type?"); tp := OSG.intType
                END
            ELSE OSS.Mark("ident?"); tp := OSG.intType
            END ;
            IF first.class = OSG.Var THEN
                parsize := tp.size;
                IF tp.form >= OSG.Array THEN OSS.Mark("no structured params") END ;
            ELSE parsize := WordSize
            END ;
            obj := first;
            WHILE obj # guard DO
                obj.type := tp; INC(parblksize, parsize); obj := obj.next
            END
        END FPSection;

    BEGIN (* ProcedureDecl *)
        OSS.Get(sym);
        IF sym = OSS.ident THEN
            procid := OSS.id;
            NewObj(proc, OSG.Proc); OSS.Get(sym); parblksize := marksize;
            OSG.IncLevel(1); OpenScope; proc.val := OSG.pc;
            IF sym = OSS.lparen THEN
```

```
        OSS.Get(sym);
        IF sym = OSS.rparen THEN OSS.Get(sym)
        ELSE FPSection;
            WHILE sym = OSS.semicolon DO OSS.Get(sym); FPSection END ;
            IF sym = OSS.rparen THEN OSS.Get(sym) ELSE OSS.Mark(")?") END
        END
    ELSIF OSG.curlev = 1 THEN OSG.EnterCmd(procid)
    END ;
    obj := topScope.next; locblksize := parblksize;
    WHILE obj # guard DO
        obj.lev := OSG.curlev;
        IF obj.class = OSG.Par THEN DEC(locblksize, WordSize)
        ELSE locblksize := locblksize - obj.type.size
        END ;
        obj.val := locblksize; obj := obj.next
    END ;
    proc.dsc := topScope.next;
    IF sym = OSS.semicolon THEN OSS.Get(sym) ELSE OSS.Mark(";?") END;
    locblksize := 0; declarations(locblksize);
    IF sym = OSS.begin THEN OSS.Get(sym); StatSequence END ;
    IF sym = OSS.end THEN OSS.Get(sym) ELSE OSS.Mark("END?") END ;
    IF sym = OSS.ident THEN
        IF procid # OSS.id THEN OSS.Mark("no match") END ;
        OSS.Get(sym)
    END ;
    OSG.Return(parblksize - marksize); CloseScope; OSG.IncLevel(-1)
  END
END ProcedureDecl;

PROCEDURE Module(VAR S: Texts.Scanner);
  VAR modid: OSS.Ident; varsize: LONGINT;
BEGIN Texts.WriteString(W, " compiling ");
  IF sym = OSS.module THEN
    OSS.Get(sym); OSG.Open; OpenScope; varsize := 0;
    IF sym = OSS.ident THEN
      modid := OSS.id; OSS.Get(sym);
      Texts.WriteString(W, modid); Texts.WriteLn(W); Texts.Append(Oberon.Log, W.buf)
    ELSE OSS.Mark("ident?")
    END ;
    IF sym = OSS.semicolon THEN OSS.Get(sym) ELSE OSS.Mark(";?") END;
    declarations(varsize);
    IF sym = OSS.begin THEN OSS.Get(sym); StatSequence END ;
    IF sym = OSS.end THEN OSS.Get(sym) ELSE OSS.Mark("END?") END ;
```

```
      IF sym = OSS.ident THEN
        IF modid # OSS.id THEN OSS.Mark("no match") END ;
        OSS.Get(sym)
      ELSE OSS.Mark("ident?")
      END ;
      IF sym # OSS.period THEN OSS.Mark(". ?") END ;
      CloseScope;
      IF ~OSS.error THEN
        COPY(modid, S.s); OSG.Close(S, varsize); Texts.WriteString(W, "code generated");
        Texts.WriteInt(W, OSG.pc, 6); Texts.WriteLn(W); Texts.Append(Oberon.Log, W.buf)
      END
    ELSE OSS.Mark("MODULE?")
    END
END Module;

PROCEDURE Compile*;
    VAR beg, end, time: LONGINT;
      S: Texts.Scanner; T: Texts.Text; v: Viewers.Viewer;
BEGIN loaded := FALSE;
    Texts.OpenScanner(S, Oberon.Par.text, Oberon.Par.pos); Texts.Scan(S);
    IF S.class = Texts.Char THEN
      IF S.c = "*" THEN
        v := Oberon.MarkedViewer();
        IF (v.dsc # NIL) & (v.dsc.next IS TextFrames.Frame) THEN
          OSS.Init(v.dsc.next(TextFrames.Frame).text, 0); OSS.Get(sym); Module(S) END
      ELSIF S.c = "@" THEN
        Oberon.GetSelection(T, beg, end, time);
        IF time >= 0 THEN OSS.Init(T, beg); OSS.Get(sym); Module(S) END
      END
    ELSIF S.class = Texts.Name THEN
      NEW(T); Texts.Open(T, S.s); OSS.Init(T, 0); OSS.Get(sym); Module(S)
    END
END Compile;

PROCEDURE Decode*;
    VAR V: MenuViewers.Viewer; T: Texts.Text;
      X, Y: INTEGER;
BEGIN T := TextFrames.Text(""); Oberon.AllocateSystemViewer(Oberon.Par.frame.X, X, Y);
    V := MenuViewers.New(TextFrames.NewMenu
        ("Log.Text", "System.Close System.Copy System.Grow Edit.Search Edit.Store"),
        TextFrames.NewText(T, 0), TextFrames.menuH, X, Y);
    OSG.Decode(T)
END Decode;
```

```
PROCEDURE Load*;
  VAR S: Texts.Scanner;
BEGIN
  IF ~OSS.error & ~loaded THEN
    Texts.OpenScanner(S, Oberon.Par.text, Oberon.Par.pos); OSG.Load(S); loaded := TRUE
  END
END Load;

PROCEDURE Exec*;
  VAR S: Texts.Scanner;
BEGIN
  IF loaded THEN
    Texts.OpenScanner(S, Oberon.Par.text, Oberon.Par.pos); Texts.Scan(S);
    IF S.class = Texts.Name THEN OSG.Exec(S) END
  END
END Exec;

PROCEDURE enter(cl: INTEGER; n: LONGINT; name: OSS.Ident; type: OSG.Type);
  VAR obj: OSG.Object;
BEGIN NEW(obj);
  obj.class := cl; obj.val := n; obj.name := name; obj.type := type; obj.dsc := NIL;
  obj.next := topScope.next; topScope.next := obj
END enter;

BEGIN Texts.OpenWriter(W); Texts.WriteString(W, "Oberon0 Compiler  18.12.94");
  Texts.WriteLn(W); Texts.Append(Oberon.Log, W.buf);
  NEW(guard); guard.class := OSG.Var; guard.type := OSG.intType; guard.val := 0;
  topScope := NIL; OpenScope;
  enter(OSG.Typ, 1, "BOOLEAN", OSG.boolType);
  enter(OSG.Typ, 2, "INTEGER", OSG.intType);
  enter(OSG.Const, 1, "TRUE", OSG.boolType);
  enter(OSG.Const, 0, "FALSE", OSG.boolType);
  enter(OSG.SProc, 1, "Read", NIL);
  enter(OSG.SProc, 2, "Write", NIL);
  enter(OSG.SProc, 3, "WriteHex", NIL);
  enter(OSG.SProc, 4, "WriteLn", NIL);
  universe := topScope
END OSP.
```

# C.3 Code-Generator OSG

```
MODULE OSG; (* NW 18.12.94 / 1.2.95*)
  IMPORT Oberon, Texts, OSS, RISC;

  CONST maxCode = 1000; maxRel = 200; NofCom = 16;
    (* class / mode*) Head* = 0;
      Var* = 1; Par* = 2; Const* = 3; Fld* = 4; Typ* = 5; Proc* = 6; SProc* = 7;
      Reg = 10; Jmp = 11;
    (* form *) Boolean* = 0; Integer* = 1; Array* = 2; Record* = 3;

    ADD = 0; SUB = 1; MUL = 2; Div = 3; Mod = 4; Or = 5; AND = 6; BIC = 7;
    XOR = 8; SHL = 9; SHA = 10;
    ADDI = 16; SUBI = 17; MULI = 18; DIVI = 19; MODI = 20;
    ORI = 21; ANDI = 22; BICI = 23;
    XORI = 24; SHLI = 25; SHAI = 26; LDW = 28; STW = 30;
    BEQ = 32; BNE = 33; BLT = 34; BGE = 35; BLE = 36; BGT = 37; BSR = 38;
    JSI = 40; JSR = 41;
    RD = 42; WRD= 43; WRH = 44; WRL = 45;

    FP = 29; SP = 30; LNK = 31;   (*reserved registers*)

  TYPE Object* = POINTER TO ObjDesc;
    Type* = POINTER TO TypeDesc;

    Item* = RECORD
      mode*, lev*: INTEGER;
      type*: Type;
      a*, b, r, idx: LONGINT;
    END ;

    ObjDesc*= RECORD
      class*, lev*: INTEGER;
      next*, dsc*: Object;
      type*: Type;
      name*: OSS.Ident;
      val*: LONGINT
    END ;

    TypeDesc* = RECORD
      form*: INTEGER;
      fields*: Object;
```

```
        base*: Type;
        size*, len*: INTEGER
     END ;

  VAR boolType*, intType*: Type;
     curlev*, pc*: INTEGER;
     relx, cno: INTEGER;
     fixlist: LONGINT;
     regs: SET; (* used registers *)
     W: Texts.Writer;
     code: ARRAY maxCode OF LONGINT;
     rel: ARRAY maxRel OF INTEGER;
     comname: ARRAY NofCom OF OSS.Ident;  (*commands*)
     comadr: ARRAY NofCom OF LONGINT;
     mnemo: ARRAY 48, 5 OF CHAR;  (*for decoder*)

  PROCEDURE GetReg(VAR r: LONGINT);
     VAR i: INTEGER;
  BEGIN i := 1;
     WHILE (i < FP) & (i IN regs) DO INC(i) END ;
     INCL(regs, i); r := i
  END GetReg;

  PROCEDURE Put(op, a, b, c: LONGINT);
  BEGIN (*emit instruction*)
     IF op >= 32 THEN DEC(op, 64) END ;
     code[pc] := ASH(ASH(ASH(op, 5) + a, 5) + b, 16) + (c MOD 10000H);
     INC(pc)
  END Put;

  PROCEDURE TestRange(x: LONGINT);
  BEGIN (*16-bit entity*)
     IF (x >= 8000H) OR (x < -8000H) THEN OSS.Mark("value too large") END
  END TestRange;

  PROCEDURE load(VAR x: Item);
     VAR r: LONGINT;
  BEGIN (*x.mode # Reg*)
     IF x.mode = Var THEN
        IF x.lev = 0 THEN rel[relx] := SHORT(pc); INC(relx) END ;
        GetReg(r); Put(LDW, r, x.r, x.a); EXCL(regs, x.r); x.r := r
     ELSIF x.mode = Const THEN
        IF x.a = 0 THEN x.r := 0 ELSE TestRange(x.a); GetReg(x.r); Put(ADDI, x.r, 0, x.a) END
```

```
  END ;
   x.mode := Reg
END load;

PROCEDURE loadBool(VAR x: Item);
BEGIN (*x.mode # Jmp*)
  IF x.mode = Var THEN load(x); Put(BEQ, x.r, 0, 0)
  ELSIF x.mode = Const THEN
    IF x.a = 0 THEN Put(BEQ, 0, 0, 0) ELSE Put(BNE, 0, 0, 0) END
  END ;
  x.mode := Jmp; x.a := pc-1; x.b := 0
END loadBool;

PROCEDURE PutOp(cd: LONGINT; VAR x, y: Item);
  VAR r: LONGINT;
BEGIN
  IF x.mode # Reg THEN load(x) END ;
  IF x.r = 0 THEN GetReg(x.r); r := 0 ELSE r := x.r END ;
  IF y.mode = Const THEN TestRange(y.a); Put(cd+16, r, x.r, y.a)
  ELSE
    IF y.mode # Reg THEN load(y) END ;
    Put(cd, x.r, r, y.r); EXCL(regs, y.r)
  END
END PutOp;

PROCEDURE NegPostCond(VAR x: Item);
  VAR L, cd: LONGINT;
BEGIN L := x.a; cd := code[L];
  x.a := cd MOD 10000H;
  cd := cd - x.a + x.b; x.b := L;
  IF ODD(cd DIV 4000000H) THEN DEC(cd, 4000000H) ELSE INC(cd, 4000000H) END ;
  code[L] := cd
END NegPostCond;

PROCEDURE merged(L0, L1: LONGINT): LONGINT;
  VAR L2, L3: LONGINT;
BEGIN
  IF L0 # 0 THEN
    L2 := L0;
    LOOP L3 := code[L2] MOD 10000H;
      IF L3 = 0 THEN EXIT END ;
      L2 := L3
    END ;
```

```
      code[L2] := code[L2] - L3 + L1; RETURN L0
    ELSE RETURN L1
    END
END merged;

PROCEDURE fix(at, with: LONGINT);
BEGIN code[at] := code[at] DIV 10000H * 10000H + (with MOD 10000H)
END fix;

PROCEDURE CondFixup*(L: LONGINT);
BEGIN
  IF L = pc-1 THEN DEC(pc) ELSE fix(L, pc-L) END
END CondFixup;

PROCEDURE FixWith(L0, L1: LONGINT);
  VAR L2: LONGINT;
BEGIN
  WHILE L0 # 0 DO L2 := code[L0] MOD 10000H; fix(L0, L1-L0); L0 := L2 END
END FixWith;

PROCEDURE FixLink*(L: LONGINT);
  VAR L1: LONGINT;
BEGIN
  WHILE L # 0 DO L1 := code[L] MOD 10000H; fix(L, pc-L); L := L1 END
END FixLink;

(*----------------------------------------------*)

PROCEDURE IncLevel*(n: INTEGER);
BEGIN INC(curlev, n)
END IncLevel;

PROCEDURE MakeConstItem*(VAR x: Item; typ: Type; val: LONGINT);
BEGIN x.mode := Const; x.type := typ; x.a := val
END MakeConstItem;

PROCEDURE MakeItem*(VAR x: Item; y: Object);
  VAR r: LONGINT;
BEGIN x.mode := y.class; x.type := y.type; x.lev := y.lev; x.a := y.val;
  IF y.lev = 0 THEN x.r := 0
  ELSIF y.lev = curlev THEN x.r := FP
  ELSE OSS.Mark("level!"); x.r := 0
  END ;
```

```
    IF y.class = Par THEN
        GetReg(r); Put(LDW, r, x.r, x.a); x.mode := Var; x.r := r; x.a := 0
    END
END MakeItem;


PROCEDURE Field*(VAR x: Item; y: Object);   (* x := x.y *)
BEGIN INC(x.a, y.val); x.type := y.type
END Field;


PROCEDURE Index*(VAR x, y: Item);   (* x := x[y] *)
BEGIN
    IF y.type # intType THEN OSS.Mark("index not integer") END ;
    IF y.mode = Const THEN
        IF (y.a < 0) OR (y.a >= x.type.len) THEN OSS.Mark("bad index") END ;
        INC(x.a, y.a * x.type.base.size)
    ELSE
        IF y.mode = Var THEN load(y) END ;
        Put(MULI, y.r, y.r, x.type.base.size);
        IF x.r # 0 THEN Put(ADD, y.r, x.r, y.r); EXCL(regs, x.r) END ;
        x.r := y.r
    END;
    x.type := x.type.base
END Index;


PROCEDURE Op1*(op: INTEGER; VAR x: Item);   (* x := op x *)
    VAR t: LONGINT;
BEGIN
    IF op = OSS.minus THEN
        IF x.type.form # Integer THEN OSS.Mark("bad type")
        ELSIF x.mode = Const THEN x.a := -x.a
        ELSE
            IF x.mode = Var THEN load(x) END ;
            Put(SUB, x.r, 0, x.r)
        END
    ELSIF op = OSS.not THEN
        IF x.mode # Jmp THEN loadBool(x) END ;
        NegPostCond(x); t := x.a; x.a := x.b; x.b := t
    ELSIF op = OSS.and THEN
        IF x.mode # Jmp THEN loadBool(x) END ;
        FixLink(x.b); x.b := 0
    ELSIF op = OSS.or THEN
        IF x.mode # Jmp THEN loadBool(x) END ;
        NegPostCond(x); FixLink(x.a); x.a := 0
```

```
    END
END Op1;

PROCEDURE Op2*(op: INTEGER; VAR x, y: Item);   (* x := x op y *)
BEGIN
  IF (x.type.form = Integer) & (y.type.form = Integer) THEN
    IF (x.mode = Const) & (y.mode = Const) THEN
      (*overflow checks missing*)
      IF op = OSS.plus THEN INC(x.a, y.a)
      ELSIF op = OSS.minus THEN DEC(x.a, y.a)
      ELSIF op = OSS.times THEN x.a := x.a * y.a
      ELSIF op = OSS.div THEN x.a := x.a DIV y.a
      ELSIF op = OSS.mod THEN x.a := x.a MOD y.a
      ELSE OSS.Mark("bad type")
      END
    ELSE
      IF op = OSS.plus THEN PutOp(ADD, x, y)
      ELSIF op = OSS.minus THEN PutOp(SUB, x, y)
      ELSIF op = OSS.times THEN PutOp(MUL, x, y)
      ELSIF op = OSS.div THEN PutOp(Div, x, y)
      ELSIF op = OSS.mod THEN PutOp(Mod, x, y)
      ELSE OSS.Mark("bad type")
      END
    END
  ELSIF (x.type.form = Boolean) & (y.type.form = Boolean) THEN
    IF y.mode # Jmp THEN loadBool(y) END ;
    IF op = OSS.or THEN x.a := y.a; x.b := merged(y.b, x.b)
    ELSIF op = OSS.and THEN x.b := y.b; x.a := merged(y.a, x.a)
    END
  ELSE OSS.Mark("bad type")
  END ;
END Op2;

PROCEDURE Relation*(op: INTEGER; VAR x, y: Item);   (* x := x ? y *)
BEGIN
  IF (x.type.form # Integer) OR (y.type.form # Integer) THEN OSS.Mark("bad type")
  ELSE
    IF x.mode # Reg THEN load(x) END ;
    IF y.mode # Reg THEN load(y) END ;
    IF op = OSS.eql THEN Put(BNE, x.r, y.r, 0)
    ELSIF op = OSS.neq THEN Put(BEQ, x.r, y.r, 0)
    ELSIF op = OSS.lss THEN Put(BGE, x.r, y.r, 0)
    ELSIF op = OSS.leq THEN Put(BGT, x.r, y.r, 0)
```

```
    ELSIF op = OSS.geq THEN Put(BLT, x.r, y.r, 0)
    ELSIF op = OSS.gtr THEN Put(BLE, x.r, y.r, 0)
    END ;
    EXCL(regs, x.r); EXCL(regs, y.r)
  END ;
  x.mode := Jmp; x.type := boolType; x.a := pc-1; x.b := 0
END Relation;

PROCEDURE Store*(VAR x, y: Item); (* x := y *)
  VAR r: LONGINT;
BEGIN
  IF (x.type.form IN {Boolean, Integer}) & (x.type.form = y.type.form) THEN
    IF y.mode = Jmp THEN
      FixLink(y.b); GetReg(y.r); Put(ADDI, y.r, 0, 1); Put(BEQ, 0, 0, 2);
      FixLink(y.a); Put(ADDI, y.r, 0, 0)
    ELSIF y.mode # Reg THEN load(y)
    END ;
    IF x.mode = Var THEN
      IF x.lev = 0 THEN rel[relx] := SHORT(pc); INC(relx) END ;
      Put(STW, y.r, x.r, x.a)
    ELSE OSS.Mark("illegal assignment")
    END ;
    EXCL(regs, x.r); EXCL(regs, y.r)
  ELSE OSS.Mark("incompatible assignment")
  END
END Store;

PROCEDURE Parameter*(VAR x: Item; ftyp: Type; class: INTEGER);
  VAR r: LONGINT;
BEGIN
  IF x.type = ftyp THEN
    Put(ADDI, SP, SP, -4);  (* DEC(SP) *)
    IF class = Par THEN (*Var param*)
      IF x.mode = Var THEN
        IF x.a # 0 THEN
          IF x.lev = 0 THEN rel[relx] := SHORT(pc); INC(relx) END ;
          GetReg(r); Put(ADDI, r, x.r, x.a)
        ELSE r := x.r
        END
      ELSE OSS.Mark("illegal parameter mode")
      END ;
      Put(STW, r, SP, 0); EXCL(regs, r)
    ELSE (*value param*)
```

```
      IF x.mode # Reg THEN load(x) END ;
      Put(STW, x.r, SP, 0); EXCL(regs, x.r)
    END
  ELSE OSS.Mark("bad parameter type")
  END
END Parameter;

(*--------------------------------*)
PROCEDURE TestBool*(VAR x: Item);
BEGIN
  IF x.type.form = Boolean THEN
    IF x.mode = Jmp THEN FixLink(x.b) ELSE loadBool(x) END
  ELSE OSS.Mark("Boolean?"); x.a := pc; Put(BEQ, 0, 0, 0)
  END
END TestBool;

PROCEDURE TestBoolR*(VAR x: Item; L: LONGINT);
BEGIN
  IF x.type.form = Boolean THEN FixWith(x.a, L); FixLink(x.b)
  ELSE OSS.Mark("Boolean?")
  END
END TestBoolR;

PROCEDURE BJump*(L: LONGINT);
BEGIN Put(BEQ, 0, 0, L-pc)
END BJump;

PROCEDURE FJump*(VAR L: LONGINT);
BEGIN Put(BEQ, 0, 0, L); L := pc-1
END FJump;

PROCEDURE Call*(VAR x: Item);
BEGIN Put(BSR, 0, 0, x.a - pc)
END Call;

PROCEDURE IOCall*(VAR x, y: Item);
  VAR z: Item;
BEGIN
  IF x.a < 4 THEN
    IF y.type.form # Integer THEN OSS.Mark("Integer?") END
  END ;
  IF x.a = 1 THEN
    GetReg(z.r); z.mode := Reg; z.type := intType; Put(RD, z.r, 0, 0); Store(y, z)
```

```
    ELSIF x.a = 2 THEN load(y); Put(WRD, 0, 0, y.r); EXCL(regs, y.r)
    ELSIF x.a = 3 THEN load(y); Put(WRH, 0, 0, y.r); EXCL(regs, y.r)
    ELSE Put(WRL, 0, 0, 0)
    END
END IOCall;

PROCEDURE Enter*(size: LONGINT);
BEGIN
  IF curlev > 0 THEN
    Put(STW, LNK, SP, -4);   (* -4(SP) := link *)
    Put(STW, FP, SP, -8);   (* -8(SP) := FP *)
    Put(ADDI, FP, SP, -8);   (* FP := SP - 8 *)
    Put(ADDI, SP, FP, -size)   (* SP := FP - size *)
  ELSE Put(ADDI, SP, 0, RISC.MemSize - size)
  END
END Enter;

PROCEDURE Return*(size: LONGINT);
BEGIN
  Put(ADDI, SP, FP, size+8);   (* SP := FP + 8 + size *)
  Put(LDW, LNK, FP, 4);   (* RA := 4(FP) *)
  Put(LDW, FP, FP, 0);   (* FP := 0(FP) *)
  Put(JSR, 0, 0, LNK)   (*return*)
END Return;

PROCEDURE Open*;
BEGIN curlev := 0; pc := 0; relx := 0; cno := 0; regs := {}
END Open;

PROCEDURE Close*(VAR S: Texts.Scanner; globals: LONGINT);
BEGIN Put(JSR, 0, 0, 0);
END Close;

PROCEDURE EnterCmd*(VAR name: ARRAY OF CHAR);
BEGIN COPY(name, comname[cno]); comadr[cno] := pc*4; INC(cno)
END EnterCmd;

(*---------------------------------------------*)

PROCEDURE Load*(VAR S: Texts.Scanner);
  VAR i, k: LONGINT;
BEGIN i := 0; (*relocate*)
  WHILE i < relx DO
```

```
      k := rel[i]; INC(i);
      code[k] := (code[k] DIV 10000H * 10000H) + (code[k] + RISC.MemSize)
        MOD 10000H
    END ;
    RISC.Load(code, pc);
    Texts.WriteString(W, " code loaded"); Texts.WriteLn(W);
    Texts.Append(Oberon.Log, W.buf);
    RISC.Execute(0, S, Oberon.Log)
  END Load;

  PROCEDURE Exec*(VAR S: Texts.Scanner);
    VAR i: INTEGER;
  BEGIN i := 0;
    WHILE (i < cno) & (S.s # comname[i]) DO INC(i) END ;
    IF i < cno THEN RISC.Execute(comadr[i], S, Oberon.Log) END
  END Exec;

  PROCEDURE Decode*(T: Texts.Text);
    VAR i, cd, a: LONGINT;
  BEGIN i := 0;
    WHILE i < pc DO
      cd := code[i]; a := cd MOD 10000H;
      IF a >= 8000H THEN DEC(a, 10000H) END ;
      Texts.WriteInt(W, 4*i, 4); Texts.Write(W, 9X);
      Texts.WriteString(W, mnemo[cd DIV 4000000H MOD 40H]);
      Texts.Write(W, 9X); Texts.WriteInt(W, cd DIV 200000H MOD 20H, 4);
      Texts.Write(W, ","); Texts.WriteInt(W, cd DIV 10000H MOD 20H, 4);
      Texts.Write(W, ","); Texts.WriteInt(W, a, 8); Texts.WriteLn(W); INC(i)
    END ;
    Texts.WriteString(W, "reloc"); Texts.WriteLn(W); i := 0;
    WHILE i < relx DO
      Texts.WriteInt(W, rel[i], 5); INC(i);
      IF i MOD 16 = 0 THEN Texts.WriteLn(W) END
    END ;
    Texts.WriteLn(W); Texts.Append(T, W.buf)
  END Decode;

BEGIN Texts.OpenWriter(W);
  NEW(boolType); boolType.form := Boolean; boolType.size := 4;
  NEW(intType); intType.form := Integer; intType.size := 4;
  mnemo[ADD] := "ADD ";
  mnemo[SUB] := "SUB ";
  mnemo[MUL] := "MUL ";
```

```
    mnemo[Div] := "DIV ";
    mnemo[Mod] := "MOD ";
    mnemo[Or]  := "OR  ";
    mnemo[AND] := "AND ";
    mnemo[BIC] := "BIC ";
    mnemo[XOR] := "XOR ";
    mnemo[SHL] := "SHL ";
    mnemo[SHA] := "SHA ";
    mnemo[ADDI] := "ADDI";
    mnemo[SUBI] := "SUBI";
    mnemo[MULI] := "MULI";
    mnemo[DIVI] := "DIVI";
    mnemo[MODI] := "MODI";
    mnemo[ORI]  := "ORI ";
    mnemo[ANDI] := "ANDI";
    mnemo[BICI] := "BICI";
    mnemo[XORI] := "XORI";
    mnemo[SHLI] := "SHLI";
    mnemo[SHAI] := "SHAI";
    mnemo[LDW] := "LDW ";
    mnemo[STW] := "STW ";
    mnemo[BEQ] := "BEQ ";
    mnemo[BNE] := "BNE ";
    mnemo[BLT] := "BLT ";
    mnemo[BGE] := "BGE ";
    mnemo[BLE] := "BLE ";
    mnemo[BGT] := "BGT ";
    mnemo[BSR] := "BSR ";
    mnemo[JSI] := "JSI ";
    mnemo[JSR] := "JSR ";
    mnemo[RD]  := "READ";
    mnemo[WRD] := "WRD ";
    mnemo[WRH] := "WRH ";
    mnemo[WRL] := "WRL ";
END OSG.
```

# Stichwortverzeichnis

## Programmieren in Oberon

Das neue Pascal

Martin Reiser, Niklaus Wirth

## Addison-Wesley im Internet...

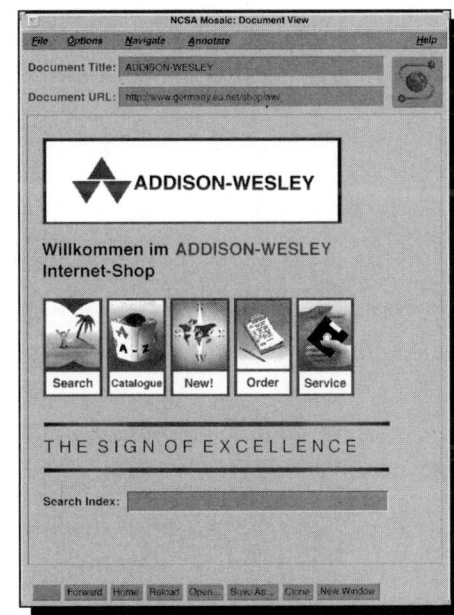

Homepage des Informationsdienstes

Mit dem Service im Internet möchten wir Ihnen noch weitreichendere Informationen als in unseren „Print"-Katalogen **online** zur Verfügung stellen.

Sie finden zu vielen Büchern und CD-ROMs ausführliche Informationstexte mit Inhaltsverzeichnis. Unser gesamtes Produktspektrum in deutscher und englischer Sprache ist über Stichwortsuche abrufbar. Dabei sind vielfach sogar gesamte Indizes zur Suche hinterlegt. Ohne mühsames Blättern finden Sie alle Titel zu Themen, die Sie interessieren.

Zu einigen Themen stehen weiterhin Tools, Quellcodes, Programmdemos sowie Aktualisierungen von Büchern bereit, die 'down-geloaded' werden können.

Kein Service ohne Bestellmöglichkeit: Sie können online von Ihrem Schreibtisch aus Bestellungen aufgeben.

Sie erreichen unseren Internet-Dienst unter folgender Adresse: „http://www.Germany.EU.net/shop/aw/".

**ADDISON-WESLEY**

# Die Gutenberg-Galaxis

## Das Ende des Buchzeitalters

### Marshall McLuhan
Mit einem Vorwort zur Neuausgabe
von Prof. Dr. Wolfgang Coy

Marshall McLuhan, dessen Aphorismus
„The medium is the message" heute in aller Munde
ist, legte in diesem Werk 1962 den Grundstein für
seine visionäre Theorie, nach der Fernsehen,
Computer und andere elektronische, informations-
verbreitende Medien einen formenden Einfluß auf
die Gedanken und vor allem Denkweisen des
Menschen ausüben — sei es in der Soziologie, den
Geistes- und Naturwissenschaften oder
der Religion.

Im Zuge der Diskussion um Electronic Publishing
und der Informationsvermittlung über weltweite
digitale Netze gewinnt dieses Werk bestechende
Aktualität.

1995, 373 Seiten, gebunden
48,— DM, ISBN 3-89319-900-4

ADDISON-WESLEY

# 10 JAHRE

ADDISON - WESLEY

Addison-Wesley Verlag feiert 1995 sein
zehnjähriges Jubiläum in Deutschland.
Aus diesem Anlaß möchten sich alle Mitarbeiter
des Verlags für Ihr Vertrauen bedanken.

ADDISON-WESLEY